JN437854

# 루터의 기도

# 루터의 기도

**초판 1쇄 발행** | 2008년 12월 1일

**지은이** | 임금선

**펴낸이** | 가진수
**펴낸곳** | 아이러브처치
**디자인** | 민컴/민승기

2

**전화** | 0505) 267-0691
**팩스** | 032) 505-6004
**등록일** | 2005년 2월 16일
**등록번호** | 제 2005-6호
**홈페이지** | www.churchbook.net
**이메일** | churchbook@hanmail.net



값 8,500원

ISBN 978-89-92367-57-8 03230

"아이러브처치(ilovechurch)는 예수 그리스도가 주인인 교회를 사랑하며, 마지막 '때' (마 24:14)의 사명을 감당하고자, 믿음의 식구들과 함께 기도하며 준비하는 선교단체입니다. 아이러브처치는 찬양을 통한 영적회복, 도서를 통한 영적 강건함, 문화를 통한 복음화, 그리고 세계선교의 비전을 추구합니다."

# 루터의 기도

# 목 차

# 서문

마르틴 루터와 같은 당대의 거목에 대한 글을 쓴다는 것이 엄두가 나지 않았다. 숱한 사람들이 루터를 연구하고, 루터에 대한 글을 썼다. 루터에 대한 영화도 만들었다. 루터에 관한 논문은 또 얼마나 많은가! 앞으로도 숱한 글들이 계속 쏟아져 나올 것이다.



그러나 신학을 공부하지도 않았고, 역사적 지식이 해박하지도 않고, 단지 평범한 그리스도인에 불과한 내가 루터에 대해 무슨 글을 쓰겠는가? "루터!" 하면 떠오르는 것이 고작 "종교개혁" "면죄부" "95개조 논제" "성경번역" 등 몇 가지 단어 밖에 떠오르지 않는데 말이다. 어찌 보면 중고등학생들의 세계사 수준에도 못 미칠 수도 있다.

그러나 출판사로부터 이 작업을 의뢰받았을 때 도전해보라는 내면의 소리가 너무 커서 수락하고 말았다. 그러나 시간이 가면 갈수록 후회와 더불어 엄청난 부담감이 몰려왔다. 예전의 다른 작업과는 달리 이 작업은 자료가 너무 많다는 것이 오히려 나를 힘들게 했다. 웹서핑은 차치하고라도 모아놓은 자료만 방구석에 산더미같이 쌓였다. 보기만 해도 숨이 막힐 정도였다. 결국 중도하차하기로 결정하고 한 해가 지났다.

그런데 루터라는 이름은 내 머리 속에서 지워지지 않았다. 마치 해야 할 숙제를 안 하고 있는 듯, 볼일을 보다 말고 나온듯한 느낌이 지속되었다. 그 때 다시 시작할 수 있도록 용기를 준 한 마디 "루터가 거목이라 함부로 손을 댈 수 없다면 예수님은? 예수님보다 더 큰 거목이 또 있느냐?"

그렇다. 예수님에 대해서는 어린아이들도 이야기 할 수 있다. 뭔가 근사한 것을 만들어 보겠다는 모든 욕심을 버리기로 했다. 한껏 낮아진 마음으로 내 분량에 맞게 루터에 대해 이야기하자. 주께서 필요하신 것이 있으니 이 일을 맡기셨을 것이다. 이 글은 창작이 아니고 이미 존재하는 것들을 선별하고, 나열하고, 옷을 입혔을 뿐이다. 부족한 것이 많더라도 품어주시길 바란다.

끝으로 작업을 시작할 때부터 장시간 기도로 도와주신 '산울교회' 중보기도 헌신자 여러분께 감사드린다. 그분들의 기도를 힘입어 감히 이 책의 문을 연다.

# 들어가며

## – 루터를 만나다

루터가 세상을 떠날 때에는 온 유럽이 떠들썩했으나, 그의 출생에 대해서는 알려진 것이 별로 없다. 루터가 정확히 언제 태어났는지에 대해서도 의견이 분분하다. 한 인물에 대해 소개할 때 으레 등장하는 숫자, 즉 출생일과 사망일 자체는 별 의미가 없다. 단지 그 사람이 몇 년 동안이나 이 세상에 머물렀으며, 그가 살았던 시대와 사건들을 참고하는데 필요한 요소일 뿐이다.



루터가 활동하던 역사적 무대 15세기 후반은 가톨릭교회가 절대 권력을 행사하고  르네상스(14~16세기)가 한창 꽃피고 있었다. 무엇보다 인쇄술의 발달은 루터의 저서나 성경, 또 그의 개혁교리를 전파하는데 큰 역할을 했다. 반면에 면죄부라는 이름의 초고속 천국행 표가 불티나게 팔릴 정도로 교회와 종교지도자들은 타락해 있었고,

루터가 태어난 집

루터의 아버지 한스 루터

사람들은 미신적 신앙에 푹 빠져 영적으로 무지했다.

루터가 이 땅을 거닐다 사라진지 500여년이 지난 지금, 어떻게 하면 그를 다시 만날 수 있을까? 역사의 수레바퀴를 되돌릴 수는 없지만 남아 있는 많은 자료와 흔적들을 통해 그 시대의 상황과 주변 인물들과 역사적 사건들을 그려 볼 수는 있지 않을까? 루터가 태어난 곳, 다니던 학교, 수도원, 대학들을 거닐어 볼 수도 있다. 사실 루터에 관한 기록은 아주 많다. 또 새로운 자료와 그에 관한 논문. 책들이 속출하고 있다. 그 많은 자료들의 도움을 빌어 조각 그림 맞추듯 그의 행적을 평이하게 구성해 보았다. 신학적 논쟁이나 주장은 가급적 피하고, 가장 영향력 있던 인물 가운데 하나인 루터의 삶과 기도에 초점을 맞추기로 한다.

먼저 루터가 태어나고 활동했던 시대 사람들의 삶은 어떠했을까? 이 시대와 마찬가지로 대다수의 사람들은 먹고 사는 문제로 씨름하였다. 도처에 거지들이 있었고, 생존을 위한 범죄가 많았다. 물론 귀족과 종교인들을 중심으로 한 예술의 발달도 무시할 수 없다. 그러나 대다수의 사람들에게 있어서 주요관심사는 먹고 사는 문제였다. 게다가 흑사병은 유럽 인구의 3분의 1을 앗아갈 정도로 그 위력이 대단했다. 흑사병의 희생자들은 주로 가난하고 열악한 환경의 하층민이었다.

루터의 어머니 마가레트

이러한 시대에 가톨릭교회는 이들에게 두려움을 피하는 통로 역할을 했고, 다른 한편으로는 또 다른 두려움의 족쇄를 채웠다. 독일인 대다수가 하나님을 믿었지만 동시에 악령이나 요괴, 귀신도 믿었다. 그래서 두려움이 엄습할 때면 일종의 주문처럼 성인들의 이름을 외우곤 했다. 더구나 루터가 태어난 지 1년이 되던 해 교황 인노켄티우스 8세는 마녀사냥을 정당화하는 교서를 발표했다. 그 후 거의 300년 동안 화형의 불길이 유럽 도처에서 꺼지지 않았다. 이처럼 그 시대는 비이성적인 일들이 비일비재했다. 훗날 많은 종교 개혁가들도 자신들의 종교관에 반하는 사람들을 제거하기 위한 수단으로 마녀재판을 이용하기도 했다. 또한 종교개혁의 도화선 역할을 했던 루터 역시 마녀사냥에 있어서만은 당시대의 사고에서 전혀 벗어나지 못하고 성경을 인용하면서(출애굽기 22:17) 오히려 더 적극적인 자세를 취했다. 시대적 상황이 이렇다보니 루터 역시 자신이 앓고 있는 병은 자연적 원인에 의한 것이 아니고 마귀의 저주 때문에 생겨난 병이라고 생각할 정도였다. 이처럼 대다수의 사람들이 심판자로서의 하나님만 생각했기에 자신들의 행위에 대한 벌에 두려움이 늘 내재되어 있었다.

하이델베르크 가까이 있는 루터의 집



바람이 꽤 쌀쌀한 1483년 11월 10일, 이 작은 도시 아이슬레벤에서 한 생명이 탄생했다. 과묵해 보이는 입에 고집스러운 눈빛의 한스 루터, 양 볼이 움푹 패여 엄격해보이지만 자상한 눈빛의 마가레트 루터 사이에 태어난 아이이다. 루터가 태어난 아이슬레벤은 독일의 하르츠산지의 동쪽 기슭에 자리잡고 있는 작은 공업도시로

14세기부터 구리광 채굴의 중심지였다. 아이슬레벤을 묘사한 중세 동판화를 통해 그 시대의 독일 소도시의 모습을 확인할 수 있다. 여하튼 루터는 아이슬레벤에서 태어나 아이슬레벤에서 세상을 마감한다. 그가 살아생전 남겨 놓은 흔적이 이 시대에까지 영향을 미치고 있다.

루터는 겨우 하루밖에 지나지 않은 같은 해 11월 11일 집에서 그다지 멀지 않은 성 베드로 & 성 바울 성당에서 세례를 받았다. 갓난아기 때에 세례를 받는 것이 관례이긴 했으나 영아사망률이 아주 높았던 것도 또 다른 이유이다.(*마가레트는 모두 8~9명의 아이를 낳았다는데 거의 반이 어릴 때 죽었기 때문에 루터를 장남으로 보는 사람도 있고, 둘째로 보는 사람도 있다.) 즉 그 당시 태어난 아이들 가운데 반 이상이 제대로 크지 못한 채 죽었기 때문에 빨리 세례를 받으면 이 아이들이 죽은 후 천국에 거할 수 있다고 믿었기 때문이다.

세례를 받는 날이 마침 성 마르틴 축제일이었으므로 아이의 이름도 마르틴으로 지었다. 이렇듯 루터 부부는 가톨릭 문화 속에 푹 젖어 살았고, 교회가 생활의 구심점 역할을 했다. 여느 갓난아이와 크게 다를 바 없는 그 아이가 장차 유럽전역을 흔들어 놓을 인물이 되리라는 것을 누가 알았을까?

루터가 태어날 무렵 가정 형편은 그리 좋지 않았다. 루터가 태어난 지 여섯 달이 지난 이듬 해 초여름, 한스 루터는 아이슬레벤을 떠나기로 작정했다. 구리 캐내는 갱부 일만으로는 도저히 앞날을 설계할 수가 없었다. 아이슬레벤을 떠나 만스펠트로 이사 간 한스 루터는 그곳에서 운 좋게 돈을 빌릴 수 있게 되었다. 빌린 돈으로 만스펠트 백작 소유의 제련공장을 공동으로 임대했다. 수입이 전보다 훨씬 늘어나 차츰 돈이 모이기 시작했다. 빌린 돈을 다 갚으려면 오랜 시간이 필요하였지만 나름대로 미래를 계획할 수 있었다. 특히 자식에 대한 교육에 남다른 욕심이 있었고, 돈과 자녀교육의 힘을 빌려 루터 집안의 위상을 높여보겠다는 의지가 강했다. 사업은 날로 번창하여 제련소가 여섯으로 늘어났다. 경제적으로 안정을 누리게 되자 '타고난 광부' 라며 무시하던 사람들 사이의 시각이 서서히 바뀌었다.



가톨릭교회의 영향으로 그 당시 학교와 가정에서는 체벌이 최상의 교육방법으로 여겨졌다. 한스 루터 역시 자녀교육에 매우 엄격했으며 근면과 절약을 중요시했다. 경제적으로 안정이 된 후에도 루터의 교육비는 아끼지 않았으나 어머니는 땔감을 구하러 다녔다고 루터는 기록했다.

루터는 어릴 때부터 집 안팎에서 많이 맞으며 자랐다고 훗날 기록했다. "아버지의 매가 얼마나 매섭던지 그 날은 달아나버렸다. 그 후로도 아버지를 향한 증오심을 떨쳐낼 수가 없었다."

루터의 어머니 역시 엄하기는 마찬가지였다.

"호두를 한 알 훔쳤다가 손에 피가 나도록 맞았다."

고 루터는 말한다.

루터가 성장했던 곳(독일 아이제나흐)

루터는 신앙심이 돈독한 아버지의 명령에 따라 꼬박꼬박 미사에 참석했지만 중세말기에 군림하던 정체모를 불안과 두려움에서 벗어날 수는 없었다. 오히려 하나님에 대한 두려움만 더해졌다. 더구나 하나도 알아들을 수 없는 라틴어로 미사를 드리다보니 루터에겐 보이지 않는 영적 존재에 대한 두려움이나 악령이나 마귀에 대한 두려움이나 별 차이가 없었다. 특히 루터가 성장한 광산촌에는 미신이 성행하였다. 그곳 주민들은 자연재해나 전염병, 죄를 짓는 것, 정신질환 등을 모두 악령의 탓으로 돌렸다. 그래서 루터의 어머니 마가레트는 부엌에서 계란이나 우유, 치즈, 버터가 없어지면 귀신이 훔쳐갔거나 악령이 들은 사람이 가져갔다고 말했다. 이러한 사고를 지녔으니 루터가 호두

한 알을 훔친 것은 도저히 용납할 수 없었을 것이다. 호두 한 알보다 루터가 혹시 악령의 꼭두각시 노릇을 하는 것은 아닌지 염려하여 호되게 야단을 치는 것이 당연할 수도 있다. 루터 자신도 이러한 미신적 신앙에서 벗어난 적이 없었다. 또한 미사를 마치고 서로 인사할 때마다 천국에 가기 위해서는 이 땅에서 고난의 짐을 지는 것이 마땅하다는 말을 어른들로부터 귀가 아플 정도로 많이 들었다. 어린 루터에게 있어서는 그야말로 주위의 온갖 두려움과 공포의 대상들이 그득했던 셈이다.

초상화를 비교해 보면 루터의 젊은 시절은 아버지의 모습이, 노년 시절엔 어머니의 모습이 강하게 나타난다. 그의 초상화 윗부분에 다음과 같은 글이 적혀있다. "1530년 6월 29일, 마르틴 박사의 아버지인 한스 루터는 크리스천으로 사망했다" "1531년 6월 30일, 마르틴 박사의 어머니인 마가레트 루터는 크리스천으로 사망했다"

1장

# 루터의 성장기

# - 아침을 시작하며 -

( 루터의 아침기도문 )

"성부와 성자와 성령의 뜻대로 하옵소서! 아멘"

무릎을 꿇거나 서서 사도신경과 주기도문을 암송한다. 더 기도하기 원하면 이어 다음과 같이 기도한다.

"하늘에 계신 아버지 지난밤도 모든 재난과 위험으로부터 저를 지켜주심을 아버지의 사랑하는 아들 예수 그리스도를 통하여 감사드립니다. 오늘 하루도 저의 모든 행동과 삶이 아버지를 기쁘게 할 수 있도록 모든 죄와 악에서 저를 지켜주옵소서. 제가 어느 곳에서 어떠한 잘못을 했던 모두 용서해 주옵소서. 오늘 하루도 은혜로 저를 지켜주옵소서. 저의 몸과 영혼, 또 모든 것을 아버지 손에 맡깁니다. 아버지의 거룩한 천사가 저와 함께 있게 하시고 악한 원수가 저를 주관하지 못하게 하소서."

찬양을 부른 후 기쁘게 하루를 시작한다.

# 1 소년 루터

루터는 다섯 살이 되자 만스펠트 시립학교에 입학했다. 그곳에서 라틴어와 음악교육을 중점적으로 받았다. 루터의 라틴어 성적은 탁월했다. 단지 암기과제를 제대로 하지 못했을 때 회초리로 맞았던 기억이 어른이 되어서도 악몽처럼 떠나지 않았다.

만스펠트 내에선 루터가 더 이상 교육을 받을 만한 곳이 없었다. 아들의 총명함을 발견한 한스 루터는 아들에 대한 기대가 현실화 되면서 교육을 위해서라면 어떠한 투자도 아끼지 않기로 했다. 열세 살 소년이 된 루터는 베를린 남서쪽으로 엘베 강을 끼고 있는 마그데부르크에 있는 마그데부르크의 대성당 부속학교에 입학했다. 이 학교는 '공동생활의 형제회' 가 운영하고 있었다. 루터는 이곳에 1년

남짓 있었지만 처음으로 깊이 있는 영성을 접할 수 있었다. 그런데 아버지 한스 루터가 갑자기 루터를 아이제나흐로 보냈다. 아이제나흐에 아는 사람이 있어서 그곳에서 하숙을 하면서 마음 편히 공부를 하게 하려고 했다는 기록이 있다. 루터는 아이제나흐에 있는 성 게오르크 성당 부속 라틴어 학교에 입학했다.

소도시에서만 생활하던 루터는 제법 큰 도시에서 공부를 하게 되어 겁도 났지만 생각이 넓어지는 느낌도 받았다. 루터의 소년 시절은 재정상태도 아주 양호하였기에 한스 루터는 자식의 교육을 위해 얼마든지 투자할 준비가 되어 있었다. 더구나 루터에겐 투자할만한 가치가 충분히 있다고 확신했다. 그러나 생활면에서는 여전히 근검절약을 실천했기에 루터의 기록에 의하면 어머니가 동네여인들과 어울려 여전히 땔감을 구하러 다녔다고 한다.

루터가 공부하던 곳(1850년경)

학생시절 수업받고 있는 루터

루터는 아이제나흐에서 상류층 가문으로 꼽히는 샬베와 코타 집에서 하숙을 했다. 교양이 넘치고 프란시스코 수도회 계열의 경건생활을 하고 있는 식구들은 루터에게 좋은 영향을 많이 미쳤다. 또한 음악적 감성이 뛰어났던 코타 부인은 루터와 친구들이 성가를 부르는 것을 매우 즐겨 들었다. 무엇보다 루터는 아이제나흐에서 3년 동안 공부하면서 평생 잊지 못할 두 분의 위대한 스승을 만나게 된다. 한 분은 트리보스 교장 선생님이고, 또 한분은 겔두누프 선생님이다. 이 두 사람은 루터의 재능을 금세 파악하고 그 길을 열어주고자 적극적으로 나섰다. 더구나 뛰어난 라틴어 실력을 그냥 썩히는 것을 안타까워했다. 그래서 졸업과 동시에 대학에 입학하라고 권유했다. 루터는 아이제나흐에서 많은 인맥을 형성할 수 있었고, 두 스승의 뜻을 따라 대학에 입학했다.

루터가 학교를 다니던 때로부터 약 200년 후 '서양음악의 아버지'로 불리는 바흐도 아이제나흐에서 태어나 루터가 다니던 학교의 문을 드나들었다. 또한 아이제나흐에는 루터의 동상과 더불어 루터가 하숙을 하던 집이 지금도 남아 있어 많은 사람들이 방문한다.

## 루터의 일화

어느 날 저녁 루터는 시냇가를 거닐었다. 시내를 건널 수 있도록 외나무다리가 놓여있었다. 그런데 양 두 마리가 서로 반대편에서 다리를 건너고 있었다. 그 다리는 좁아서 두 마리가 동시에 지날 수 없었다. 루터는 염려하는 마음으로 양들을 지켜보다가 감동을 받았다. 다리 한 가운데서 마주친 양들은 잠시 서로를 쳐다보더니 둘 중 큰 양이 다리위에 납작 엎드렸다. 그 다음 작은 양이 큰 양을 밟고 지나가 서로의 길을 가는 것이었다.

# 2 루터, 대학에 입학하다

1501년 열 일곱 살의 루터는 트리보스 교장선생님의 추천을 받아 에르푸르트대학에 입학했다. 루터의 라틴어 실력도 입학 사정에서 큰 역할을 했다. 사실 루터와 같은 가정에서 자식을 대학까지 보낸다는 것은 극히 드문 일이었다.

라이프치히 대학이 에르푸르트 대학보다 더 가까웠지만 에르푸르트의 명성이 더 높았기에 루터의 아버지 한스는 후자를 선택하였다. 지금도 에르푸르트 대학 입학생 명부엔 루터의 이름이 또렷이 남아 있다.

에르푸르트는 튀링겐 분지의 대도시로 상업 중심지였다. 도시 곳곳에 교회가 즐비하고, 수도원도 열개가 넘는다. 에르푸르트는 종교

# 루터가 보여준 기도방법

"매일 아침 기도로 두 시간을 보내는 것에 실패한다면, 사단은 그 날 하루 종일 승리를 취할 것이다. 나는 할 일이 너무 많다. 그래서 나는 매일 세 시간을 기도하지 않고는 전진할 수 없다." – 루터의 고백 –

**1. 마음의 밭을 기도로 준비한다.**

"나의 하나님, 제 소망을 주께서 아십니다.
제 기도를 들으시고 소망을 이루소서.
기도 가운데 당신의 은혜를 기다리오니
제 기도를 들으소서."

**2. 죄를 고백한다.**

"주께서 기도하라 명하셨으니
주의 마음을 기쁘게 하기 원하며 기도합니다.
그러나 저의 죄가 무거워 짓누르고 있으니
그 죄들을 도말하소서!
이 죄가 기도를 막지 않도록 도와주소서! 아멘!"

**3. 보잘 것 없는 존재임을 고백한다.**

"주여,
저는 주의 돌보심이 필요합니다.

주의 은혜로 제가 죄인임을 알게 하셨으니

저를 도와주소서!

주님이 계시므로 제가 있습니다.

저의 부족함과 비천함을 보시고

주의 영광을 위하여 저를 도우소서! 아멘"

## 4. 주를 찬양한다.

"자비로운 주여,

사단의 아들이었던 제가 그리스도의 형제가 되었나이다.

제 안에 있는 의심과 두려움을 제하여 주소서,

그리스도의 죽으심과 부활로 저는 더 이상 무익한 존재가 아닙니다.

주를 사랑합니다.

주께 감사합니다.

주를 찬양합니다.

신실하신 구세주를 찬양합니다. 아멘."

## 5. 주께 감사한다.

"주여,

미천한 제가 하나님의 아들을 신랑으로 맞이했나이다.

영원하신 그리스도께서 낮아지셔서

피와 살을 입고 세상에 오셨으니

이제 제가 그분과 하나가 되었나이다.

제가 영원토록 주께 감사드리나이다. 아멘."

에르푸르트의 루터의 방



사에 있어서 매우 중요한 도시이며 한 때 '작은 로마'로 불리었다. 에르푸르트 대학은 역시 그 역사가 오래되었으며, 인쇄술을 발명한 구텐베르크(1397~1468)도 이 대학에 다녔다.

루터는 기숙사 생활을 하면서 공부했다. 기숙사 사감의 지도를 받으면서 이른 아침에 기상하여 먼저 기도와 경건의 시간을 마친 후 식사를 하고 수업을 시작했다. 루터는 이곳에서 논리학과 변증법, 수사학과 문법 등을 공부했다. 그 당시 모든 대학이 그러했듯 에르푸르트 대학 역시 아리스토텔레스의 틀 안에서 수업을 받았다. 루터는 2학년이 되었을 때에 아리스토텔레스의 저서를 공부했다. 이어 음악, 수학, 기하학, 천문학을 이수한 다음 인문학 석사학위를 받았다.

대학생활 초기에는 루터도 많은 학생들에게 묻혀 있었다. 학사 학위시험에서 루터는 57명 가운데 30등을 했다. 아마 대도시 출신 학생들에게 밀렸던 것 같다. 그러나 차츰 두각을 나타내더니 석사 시험에서는 300명 가운데 2등을 차지했다. 그해 석사학위를 받은 학생 수는 루터를 포함하여 모두 17명에 불과했다.

드디어 루터는 자신의 진로를 결정할 시기에 직면했다. 신학, 법학, 의학 가운데 하나를 선택해야 한다. 루터는 아버지의 바람대로 법학을 전공할 생각이었다. 법학을 마친 후 지방 군주의 고문이라도 되면 사회적 지위향상은 물론 정치적으로도 영향력을 발휘하게 된다. 예비과정을 마친 루터는 5월에 본격적으로 법률 공부를 시작하였다. 미래의 법관인 아들을 대하는 아버지의 태도와 말투가 바뀌었다. 아들에게 투자를 아끼지 않았던 아버지 한스 루터의 꿈이 머지않아 실현될 것이다.

고난은 기도의 방해꾼이 아니라 기도의 초청장이다. 기도와 고난은 밀접한 관계이다. 고난 받는 그리스도인들은 기도를 통해 성령의 도우심을 체험한다. 기도는 자신을 보호하고 동시에 사단을 물리치는 무기이다.

2장

# 하나님께 헌신된 사람

# - 하루를 마무리하며 -

( 루터의 저녁기도문 )

잠자리에 들면서 두 손을 모으고 자신을 축복하면서 이렇게 기도한다.

"성부와 성자와 성령의 뜻대로 하옵소서! 아멘"

무릎을 꿇거나 서서 사도신경과 주기도문을 암송한다. 더 기도하기 원하면 이어 다음과 같이 기도한다.

"하늘에 계신 아버지 오늘 하루도 은혜로 지켜주심을 아버지의 사랑하는 아들 예수 그리스도를 통하여 감사드립니다."

그리고 기쁘게 잠자리에 든다.

# 수도사가 되기로 결심한 루터

루터의 행로를 완전히 돌려놓은 대사건이 발생했다. 법학을 공부하던 루터가 돌연 수도사가 되겠다고 결심한 것이다. 루터가 왜 마음을 바꾸게 되었는지에 대해 후기 학자들은 여러 가지 관점에서 분석하고 해석했다. 즉 루터는 소년 시절부터 우울증 증세가 있었는데 그 증세가 심화되면서 불안감 또한 가중되어 정신적, 신체적 도피처를 찾았기 때문이라고 말한다. 또 혹자는 루터의 불안은 그의 신앙과 연관이 있으며 그것은 죽음과 사후 심판과 밀접한 관계가 있을 것이라고 추정한다. 그러나 이런 종류의 두려움은 중세 시대의 보편적으로 드러나는 현상이었다. 중세인들은 남달리 죽음에 대해 예민했고, 죽음을 준비하는 데 도움이 되는 책과 비법들이 유행했다.

린덴슈미트 교수로부터 수업받는 소년 루터



그러나 가장 잘 알려진 에피소드를 소개한다. 1505년 루터는 방학을 이용하여 만스펠트에 있는 부모님을 방문했다. 그곳에서 한 차례 심한 우울증에 시달리다가 7월초 법학공부를 하기 위해 에르푸르트로 향했다. 슈토테른하임을 지날 때 하늘이 어두워지더니 천둥번개와 함께 강한 폭우가 쏟아졌다. 번개가 잔뜩 겁을 집어 먹은 루터 옆을 때렸다.(* "친구가 벼락에 맞아 죽는 무서운 광경을 목격하였다." 는 이야기도 있다.) 극도의 공포에 사로잡힌 루터는 땅바닥을 기며 본능적으로 성 안나의 이름을 불렀다. 성 안나는 광부들의 수호신으로 루터가 어릴 때부터 자주 읊조리던 이름이다.

성자숭배사상이 팽배하던 중세 시대엔 죄인인 인간이 감히 하나님 앞에 어떻게 나아가 기도하겠느냐는 생각으로 성자들을 통해 기도를 했다. 예를 들어 의사와 환자들의 수호성자, 정원사의 수호성자, 사냥꾼의 수호성자, 도살업자의 수호성자 등 매우 다

수도사 시절 루터

양했다. 그 가운데 루터가 부르짖은 성 안나는 광부들의 수호성자였다. 무슨 연유에선지 루터는 성 안나의 이름을 부르는 것에 그치지 않고 엉뚱한 서원까지 했다.

"성 안나여! 도와주소서! 저는 수사가 되겠습니다."

폭우는 그쳤고 루터는 가던 길을 계속 갔다. 에르푸르트 대학으로 돌아온 루터는 친구들에게 그날 일어났던 일을 이야기했다. 친구들은 대수롭지 않게 듣다가 루터가 수도사가 되기로 서원했다는 대목에서 놀란 표정을 지었다. 서원에 대한 책임을 어떻게 질 것인지 걱정도 했으나 한창 대학에서 잘 나가고 있는 루터가 설마 수도원으로 가겠느냐며 각자의 자리로 돌아갔다.

루터 역시 자신의 서원에 대해 후회를 했었다고 기록했다. 이 사건

대학교 시절 루터

에 대한 또 다른 기록을 통해 루터가 수도사가 되기로 마음먹은 것은 뇌성벽력 사건 이전부터였던 것으로 추정되기도 한다. 아우구스티누스 수도원의 수도사들은 이 사건을 바울의 회심 사건에 견주었다.

이 유명한 에피소드는 루터의 이름이 언급될 때마다 으레 따라다니니다. 그러나 또 다른 에피소드에 의하면 그 날 벼락을 맞은 것은 루터가 아니라 함께 길을 가던 친구였다는 것이다. 어느 이야기가 맞는지 알 수는 없지만 루터가 극도의 두려움과 공포에 사로잡혔다는 것은 틀림없는 사실인 것 같다. 혹자는 말하기를 루터는 이미 죽을 뻔한 경험을 했다고도 한다, 즉 대학입학 초기 친구들과 함께 길을 가다가 미끄러져 언덕 아래로 굴러 떨어졌다고 한다. 그런데 운이 나쁘게도 휴대용 단검에 허벅지를 깊이 찔러 출혈이 멈추질 않았고, 그로 인해 사경을 헤맸다. 다행히 친구들의 신속한 조치로 목숨을 건졌다.



"내가 왜 그런 서약을 했는지 그날 이후 줄곧 후회했다. 주위 친구들 역시 적극 만류했지만 내 입으로 한 서약을 선뜻 내던질 수가 없었다."

그러나 루터의 내면에서는 엄청난 소용돌이가 일고 있었다. 그의 생각은 이미 수도원으로 가 있었고, 이왕 결정한 일이니 한시라도 빨리 행동에 옮겨야겠다는 마음에 조바심마저 들었다. 사실 법관이나 수도사나 사회적 신분으로는 별 차이가 없었다. 단지 수도원이라는 테두리 안에서 평생을 보내야 한다는 것, 가족과 결별하다시피 해야 한다는 것이 달랐을 뿐이다.

루터가 대학을 떠나겠다고 하자 친구들이 먼저 말렸다. 하지만 수강신청을 취소하고 짐을 싸기까지 단 2주 밖에 걸리지 않았다. 아들



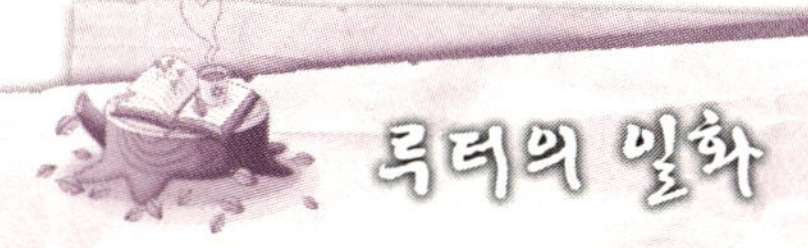

## 루터의 일화

어느 날 아침 루터는 혼자 아침식사를 하고 있었다. 그때 개 한 마리가 루터를 뚫어져라 바라보는 것이었다. 숟가락을 든 루터의 손이 움직이는 대로 개의 시선도 움직였다. 루터는 그 개가 안쓰러워 고기 조각을 하나 던져주었다. 그것을 맛있게 먹는 개를 보고 루터는 이렇게 기도했다.

"하나님, 저 개가 고기조각을 바라듯 제가 하나님을 바라게 하소서!"

개혁자 마르틴 루터

이 법관의 길을 포기하는 것에 대해 노발대발할 아버지의 모습을 애써 지우고, 루터는 어느 새 남부독일에 위치한 아우구스티누스회 수도원 문 앞에 서게 되었다. 그 당시 에르푸르트에는 다섯 개의 수도원이 있었다. 아우구스티누스 수도회는 세속의 사치와 즐거움을 멀리하고 하나님을 향한 서약을 지키는데 매우 열심이었다. 먼저 신청서를 내고 결과를 기다려야 했다. 기다리는 시간은 아무리 빨라도 몇 주 정도 걸렸다. 드디어 1505년, 수도원 입회 허가를 받은 루터는 '수련수사' 가 되었다. 이때 루터의 나이는 만 스물 하나였다.

입회의식에 따라 루터는 수도원 안에 있는 제단 앞바닥에 큰 대자로 엎드렸다. 자기 자신을 모두 드린다는 뜻이다. 서약이 끝나고 루터는 수련수사 책임자로부터 수도원 생활의 규칙과 기도시간, 식사시간 등에 대해 설명을 들었다. 그 시대엔 수도사들의 머리 모양과 수도복을 보면 어느 수도회 소속인지 대충 짐작이 가능했다. 어느덧 루터는 수도사 특유의 머리 모양(체발: 머리테두리에 한 줄만 남기고 모두 삭발)에 견습수도사 복장을 한 자신의 모습에 익숙해졌다. 그러나 부담스러운 것은 수도원 밖에서의 *탁발(托鉢)이었다.

무엇보다 학업을 계속 할 수 있어서 기뻤다. 식사는 하루에 두 번뿐이었으나 그것이 오히려 성경묵상에 도움이 되었다. 또한 아우구스티누스 수도회는 총명한 수도사들에게 신학을 연구할 수 있도록 배려했다. 루터는 에르푸르트 내에 있던 여러 수도원 가운데 아우구스티누스 수도회를 선택하기를 잘했다고 생각했다. 수도원 생활에 대해 훗날 루터는 다음과 같은 고백을 했다.

"내가 서원을 한 것은 먹고사는 문제보다는 내 영혼의 구원을 위해서였다. 나는 수도원의 모든 규정을 철저히 지켰다." (1539년)

---

* 탁발 탁발은 성 프란체스코의 청빈한 수도생활에서 유래했다. 처음에는 프란체스코의 청빈사상을 이어받아 수도사들 자신이 노동을 통해 생계를 유지하고, 부득이한 경우에만 탁발에 의존하였다. 그러나 수도원이 늘어나고 수도사들의 수가 급증하자 노동만으로는 생활할 수 없게 되자 갈수록 탁발에 의존하였다. 탁발수도회는 크게 둘로 나뉘는데, 프란체스코가 창설한 프란체스크 수도회와 도미니쿠스가 창설한 도미니크 수도회이다. 이 외에도 이 카르멜 수도회, 삼위일체 수도회, 튜튼 기사단, 하복회 등이 탁발수도회로 이름을 떨쳤다.

# 4 수사 루터

루터는 수도원의 모든 규정을 철저히 지켰다. 특히 기도에 전념했다. 그러나 그렇게 함으로써 과연 하나님의 인정을 받을 수 있을지에 대해서는 확신이 서지 않았다. 그러나 어느 새 1년이 지나 견습기간이 끝났다. 이제 루터는 정식 수사가 되기 위해 다시 한 번 서원을 해야 한다. 서원을 마치고 다시 1년이 채 못 된 1507년 5월 루터는 드디어 사제 서품을 받게 되었다.



아버지로부터 부자의 연을 끊자는 편지를 받은 것이 루터에겐 아주 오래전의 일 같았다. 아버지의 편지에 잠시 마음이 흔들리기도 했지만 수도원에서의 생활을 포기할 수는 없었다. 루터의 아버지가 루터를 향한 집착에서 빨리 벗어날 수 있었던 이유는 루터가 죽었다는 헛소문을 들은 적이 있기 때문이다. 한스 루터는 이미 페스트로 두 아들을 잃었기 때문에 참담한 심정이었으나 루터가 수도원에서 별 탈 없이 지낸다는 말에 뛸 듯이 기뻐했다.

루터를 거의 내놓은 자식처럼 여기고 있던 한스 루터는 난데없이 초청을 받았다. 루터가 수습 수사의 옷을 벗고 정식 수사가 되어 첫 미사를 인도하게 된 것이다. 한스 루터는 새로운 기대감과 자부심으로 아들의 첫 미사에 참석했다.

라틴어를 사용한 단선율 성가로 반주 없이 울려 퍼지는 가운데 특별한 예복을 차려 입은 루터가 향과 양초에 둘러싸인 제단 옆에 섰다. 루터는 시편을 낭송했다. 늘 아침마다 낭송하던 구절들인데 갑자기 원인을 알 수 없는 두려움이 엄습했다. 그것은 두려움이라기보다 경외감이기도 하다.

"어떻게 내가 감히 천국의 왕 하나님께 기도를 드릴 수 있을까? 어찌 감히 눈을 들어 그 분을 바라보고 내 두 손을 들 수 있을까?"

그 순간의 두려움이 얼마나 컸으면 루터는 그 자리에서 도망칠 뻔했다고 회상했다.

아들의 미사집전을 대견하게 지켜보던 아버지는 많은 액수를 수도원에 기부했다. 미사가 끝나자 오랜만에 만난 루터 부자는 식탁에서 담화를 나누었다. 아들이 왜 갑자기 법관을 포기하고 수사가 될

DE CAPTIVITATE BABYLONICA ECCLESIAE, Præludium Martini Lutheri.

Vuittembergæ.

〈교회의 바벨론 유수(1520년)〉 초판



작정을 했는지 늘 의문점으로 남아 있었다. 드디어 얼굴을 맞대고 그 이유를 물을 수 있게 된 것이다. 수사가 되겠다고 서원을 하게 된 진짜 이유가 무엇이냐고 묻는 아버지에게 루터는 다시금 천둥번개 치던 때의 이야기를 했다. 루터가 들었다는 부르심을 객관화시킬 방법은 없었다. 설명하려고 애쓸 필요도 없었다. 루터는 아무 대답도 하지 않고 아버지를 위해 늘 기도하겠다고 말했다.

수도원을 떠나기 전 한스 루터 역시 루터가 들었다는 부르심의 음성이 자기 최면이 아니었기를 바랐을 뿐이다. 물론 한스는 "네가 들었다는 음성이 마귀의 소리가 아니길 바란다."는 식으로 표현했을 뿐이다. 아버지는 아쉬운 마음에 그냥 던진 말이었을지 모르나 루터는 그 후에도 이 문제를 놓고 고심했다.

수사가 된 루터는 수도원 밖 성당에서도 미사를 거행했다. 대학시절 인문학 석사학위를 받은 후 철학 강의를 할 자격도 갖추었던 루터는 신학에 몰두했다. 일정 과정을 마치고 나면 성경을 강의할 자격도 취득하게 된다. 그 당시 신학교재는 성서 외에 초기 교부들의 저서를 편집한 것이었다.

첫 미사를 거행한 다음해 겨울 루터는 *슈타우피츠의 추천으로 비텐베르크 대학으로 불려와 교양학부에서 아리스토텔레스의 철학에 대해 한 학기 강의하였다. 루터가 아우구스티누스 수도원에 있을 때 슈타우피츠는 루터의 고해신부였다. 루터가 영적절망에 빠져 허우적댈 때마다 그리스도의 상처를 이야기하면서 용기를 북돋아 주곤 했다. 루터에게 있어 슈타우피츠는 아버지와 같았다.



*슈타우피츠 슈타우피츠는 라이프치히대학에서 공부하였고, 1490년경 뮌헨에서 아우구스티누스 회에 들어갔다. 1500년 비텐베르크대학의 창설을 도와 1502년 신학부 초대 학장이 되었다. 그 다음해 1503년부터 17년간 아우구스티누스 수도회의 독일 아우구스티누스 수도회 독일 지역 수장이 된다. 여하튼 슈타우피츠는 루터의 스승이자 후원자가 되어 주었다. 나중에 루터를 후임교수로 추천하고, 루터를 도와 면죄부 판매 반대에 동조한다. 그러나 종교개혁이 표면화되면서 루터가 로마의 심문을 받을 때 그를 변호해 주다가 입장이 곤란하게 되자 루터를 이단으로 규정하며 관계를 끊는다.

# 5 비텐베르크 신학교수 루터



에르푸르트에서 북동쪽으로 160킬로미터 정도 가면 비텐베르크라는 작은 마을이 있다. 루터 당시 주요 사업은 맥주 양조였다. 일명 '루터의 시(市)' 가 되어버린 이곳은 루터가 살아생전 분주히 거닐던 곳이다. 바로 이곳에서 종교사에 큰 획을 긋는 굵직한 사건들이 발생했다.

1502년 선제후 프리드리히 3세는 이곳에 비텐베르크 대학을 세우기 전만 해도 이 도시는 인구 2천여 명의 작은 도시에 불과했다. 그러나 루터라는 인물로 인해 종교개혁의 중심지가 된다. 현재 비텐베르크 광장 한 복판에는 루터와 멜란히톤의 동상이 서있다.

수사가 된 이후 루터는 비텐베르크에서 신학강의를 듣기도 하고

비텐베르크에서 루터가 강의했던 곳

가르치기도 하면서 분주한 나날을 보냈다. 1512년 루터는 드디어 신학박사 학위를 취득한다. 박사학위를 취득한지 며칠도 안 되어 성경신학교수가 되어 본격적으로 성경을 강해했다. 아직 대학 건물이 완성되지 않았기 때문에 일부 수업은 수도원과 성에서 진행되었다. 비텐베르크에 머물던 시절 루터는 영적인 의심으로 가득 차 있었다.

1513년부터 약 3년 동안 루터는 시편강해를 했다. 아침 6시부터 시작되는 강의는 일주일에 두 번씩 진행되었다. 루터의 수업방식은 독특했다. 학생들이 직접 주해를 달 수 있도록 교재의 여백을 충분히 두었다. 최근에 발견된 루터의 강의노트를 보면 루터의 수업방식과 그의 신학사상을 확인 할 수 있다. 시편강의가 끝나자 이어서 로마서, 갈라디아서, 히브리서 강해를 했다

루터는 이곳에서 훗날 루터의 종교개혁에 있어 중요한 역할을 하게 되는 세 사람을 만난다. 칼슈타트와 멜란히톤과 부겐하겐이다.

칼슈타트는 전형적인 스콜라학자로 루터에 동조하면서 종교 개혁운동을 이끌었으나 지나치게 과격하고 급진적이었기 때문에 루터의 기본 이념과 큰 차이를 보여 서로 갈라섰다.

한편 *멜란히톤은 루터보다 14세 아래였고 루터를 영적 아버지로 존경하였다. 다만 멜란히톤은 훗날 루터의 결혼을 받아들이지 못하고 전전긍긍했다. 루터의 결혼을 '불행한 행동' 으로 일컬으면서 루터의 명예가 결혼으로 인해 손상될 것을 염려하였다. 결국 멜란히톤은 루터의 결혼 축하잔치에 참석하지 않았다. 멜란히톤은 "친구들이 그렇게 말렸는데도, 루터는 전혀 뜻하지 않게 보라와 결혼을 하였다." 고 기록하였다.



또 한 인물은 부겐하겐이다. 부겐하겐은 루터가 바르트부르크에 머무는 동안 비텐베르크대학의 교수로 왔다. 부겐하겐은 루터의 〈교회의 바벨론 유수〉를 처음 읽고 세기적인 이단으로 생각했었으

---

* 멜란히톤 1518년 비텐베르크대학에 초빙되어 그리스어 교수를 하면서(12세에 하이델베르크 대학 입학, 17세에 튀빙겐대학교에 들어가서 교육·편집에 종사함) 루터의 사상에 공감하여 적극 도왔으며, 라이프치히 논쟁에서는 루터를 지지하였다. 1521년에는 〈신학강요〉를 펴냄으로써 개신교의 조직신학 기초를 최초로 확립한 인물이다.

그 후 신학과 철학교수를 하며 1530년에는 프로테스탄트 최초의 신앙고백인 아우크스부르크 신앙고백〉을 썼다. 성서의 독일어 번역에도 협력하였으나, 온화한 성품의 학자여서 종교개혁운동에 표면적으로 나서지는 않았다. 성직자의 새로운 교육제도, 일반 고등교육의 학제 개혁에 큰 영향을 미쳤다.

나 많은 생각을 거친 후 "전 세계가 눈이 멀었도다. 오직 루터만이 진리를 볼 수 있는 사람이다." 며 찬사를 보냈다.

훗날 부겐하겐은 북부 독일의 종교개혁을 담당했고, 덴마크에도 그 영향력을 전파하였다. 루터는 부겐하겐을 아주 높이 평가하였다. 그 이유 가운데 하나는 루터가 거의 매일 부겐하겐에게 고해성사를 했기 때문이다. 루터는 부겐하겐에 대해 이렇게 기록했다.

"내가 영적으로 어두워질 때마다 부겐하겐은 나를 위로했는데 그의 말이 내 안에서 마치 천사의 목소리처럼 울려 퍼졌다. 그의 말 가운데 가장 기억에 남는 것은 하나님께서 내게 최고의 선물을 주셨는데 이제 와서 그 은혜를 의심하느냐는 질책이었다."

비텐베르크 광장에 있는
루터의 동상

비텐베르크는 1996년에 세계문화유산으로 정해졌다. 현재 이곳에는 루터와 멜란히톤과 부겐하겐의 생가가 남아 있다. 무엇보다 그 유명한 '95개조 논제' 를 써 붙인 '테제의 문', 또 루터가 설교를 하였던 교회 및 종교개혁과 관련 있는 역사적 건물이 많다.

찬양은 사단을 물리칠 수 있는 가장 강력한 독이다. 주기도문으로 기도하는 것은 그 위력이 강해 마치 물을 부어 불을 끄듯 사단의 세력을 제압할 수 있다.

# 3장
# 로마와 후원자

# - 성경을 읽을 때 -

하나님, 제가 하나님 말씀을 읽습니다.

사랑하는 주 하나님,

제게 은혜를 베푸시고

주의 말씀을 온전히 깨닫게 하소서,

또한 그 말씀을 행하게 하옵소서!

만일, 주의 말씀을 깨닫고도

주께 아무런 영광을 돌리지 못한다면

차라리 말씀을 깨닫지 못하게 하소서.

제가 행할 만큼 깨닫게 하시어

주께 영광 돌리게 하소서,

# 6 루터, 로마에 가다

루터는 바쁜 시간을 쪼개서 여행을 자주 다녔던 것으로 기록되어 있다. 물론 대부분이 공적임무가 목적이었다. 주로 걸어서 다녔고 먼 거리일 경우엔 말을 탔다. 루터의 여행에 대해서만 연구한 학자의 말에 따르면 루터가 살아생전 여행한 거리는 총 2만 5천 킬로미터에 달한다고 말한다. 그 가운데 3분의 1은 걷거나 말을 탔을 것으로 추정한다. 이처럼 여행을 좋아하던 루터가 로마에 가게 되었다.

1509년 루터는 에르푸르트로 돌아와 헬라어와 히브리어 공부에 열중했는데, 그 다음 해에 아우구스티누스 수도원 내에 분파가 생겨 모두 골머리를 앓았다. 즉, 100여 년간 두 파로 나뉘어져 있던 아우구스티누스 수도회를 하나로 묶어보겠다는 취지에서 슈타우피츠

설교하는 루터의 모습

를 중심으로 수도회 내부 법률을 만들고자 했다. 두 파는 조금도 굽히지 않고 서로 자기네 주장을 내세웠다. 결국 누군가가 로마로 가서 교황을 만나 해결책을 얻어내야만 했다.

참사회 수도사들은 로마 카톨릭 교회의 고위 지도자들에게 청원할 대표를 뽑았다. 이를 위해 1510년 11월, 루터와 요한 나딘을 로마로 파견하기로 결정했다. 나딘은 루터보다 나이가 많았고, 루터에게 조직신학을 가르치는 교수이기도 했다. 그 당시만 해도 루터는 교황의 교설에 심취해 있었기에 교황을 만날 기대에 부풀어 걸어서 알프스 산맥을 지나 로마로 갔다. 가는 동안 수도원이나 여관에 머물러 잠자리와 먹을 것을 해결했다.



그 당시의 교황은 곧 하나님처럼 여겨졌다. 교황은 곧 베드로의 후계자로 천국의 열쇠를 갖고 있다고 생각했던 것이다. 따라서 교황이 죄를 용서하면 하나님도 용서한다고 해석했다. 또 천국과 지옥 사이에는 '*연옥' 이 있다고 믿었다.

가톨릭교회에서는 연옥의 고통을 덜어줄 수 있는 몇 가지 방법을 제시했다. 구원이란 개인의 행위를 통해 얻어지는 것으로 이해되어 졌기에 순례, 탁발, 또는 성물 숭배사상이 팽배했다. 성물 숭배사상이란 성물(聖物)을 보고 헌금을 하거나 기도를 하는 것이다. 아니면 "성인의 유골 하나를 보며 기도하면 연옥에서 보내야 하는 시간이 4천 년 줄어든다."는 교황의 말을 믿고 실제로 많은 사람들이 성인의 유골, 또는 성자들의 뼈나 머리카락, 예수의 십자가에서 나온 조각 같은 유물을 보기 위해 성지순례를 하였다. 자발적으로 빈곤한 삶을 사는 것도 한 방법이었다.

로마에 도착하자 그 누구보다 열심히 교회와 성지를 찾아다녔다. 루터는 신성한 장소에 가서 고백성사를 하고 미사를 보았으며 초기 기독교인들이 묻혀 있는 카타콤에 가서 죽은 성인들의 뼈와 성물에 경의를 표했다. 로마에는 온갖 성물이 넘쳐났다. 로마 지하 납골당에는 40명의 교황과 7만 6천명의 순교자가 묻혀있었다. 그 외에도

---

* 연옥(燃獄) 정죄계(淨罪界)로도 칭해지는 로마 가톨릭의 내세관 가운데 하나이다. 로마 가톨릭에서는 의인의 영혼이 있는 천국과 악인의 영혼이 있는 지옥 사이에는 연옥이 있다고 믿었다. 즉 큰 죄를 저지른 자들의 영혼은 지옥으로 바로 가지만 작은 죄를 지었거나 큰 죄를 짓고도 용서받은 영혼은 죄를 씻고 천국으로 옮겨진다는 주장이다. 연옥에서 지옥으로 가는 일은 없으며, 이곳에서 일정 기간 연단되면 천국에 갈 수 있다고 한다. 연옥설은 지금까지 로마 가톨릭 종말론의 중요한 부분을 형성하고 있다. 또한 천국의 하부 개념으로 보는 신학자도 있다.

아우구스틴 성

모세가 본 떨기나무 가지 하나, 헤롯왕 때 베들레헴에서 죽은 갓난아기들의 뼈, 가롯 유다가 예수님을 팔고 받은 30세겔 중 하나 일일이 헤아릴 수가 없을 정도로 많았다. 성 베드로와 성 바울의 시신이 온전하게 보존되어 있다고 주장하기도 했다. 시신들은 그 은혜를 함께 입기 위해 머리 부분이 교황이 사는 라테란 대성전에 보존되어 있다는 것이다.



루터의 로마 방문과 관련된 일화가 있다. 루터도 자기 자신과 돌아가신 할아버지의 연옥기간을 단축하기 위해 소위 '성스러운 계단(*스칼라 산타; scala santa)' 을 무릎으로 올랐다고 한다. 끝까지 다 올라갔다는 설도 있고, 중간에 뛰어내려왔다는 설도 있다. 여하튼 일화의 핵심은 루터가 "오직 의인은 믿음으로 말미암아 살리라" 는 로마서 1장 17절의 말씀을 떠올리며 과연 이 계단을 오르는 것이 의미가 있을지 의심을 품게 되고, 그것이 끝내 종교개혁의 씨앗이 되었다는 것이다. 그러나 로마에서 돌아온 루터는 자기도 모르게 땅에 엎드려 "오, 로마여! 축복받은 도시여!" 라고 외쳤다고 회고하였다. 하지만 훗날 루터는 로마를 일컬어 "하나님이 교회를 짓는 바로 옆에 마귀는 자신의 제단을 놓는다." 라며 비난한다.

결국 루터는 아우구스티누스 참사회에서 맡긴 임무를 제대로 완수하지 못한 채 4주간 로마에 머물다가 에르푸르트로 돌아왔다. 로마에서 돌아온 이후 루터는 자신의 교단문제로 마음이 편치 못했다.

4월이 되자 루터는 비텐베르크 대학으로 옮겼다. 3년 전 루터는 비텐베르크 대학에서 철학을 강의한 적이 있다. 루터가 비텐베르크 대학으로 오기까지 슈타우피츠의 역할이 컸다. 비텐베르크 대학은 에르푸르트 대학과 경쟁관계에 있다고 볼 수 있다. 그러나 슈타우피츠기 비텐베르크 대학의 학장을 맡고 있었고, 루터는 그의 요청에 거절할 처지가 아니었다.

---

* 스칼라 산타 성 베드로 대성당에서 조금 떨어진 곳에는 천사의 성이라는 천혜의 요새가 있다. 이 천사의 성에는 28계단의 스칼라 산타(거룩한 계단)가 있는데 2000년 전 예수가 본디오 빌라도에게 심문받을 때 올랐던 예루살렘의 바로 그 계단이라고 한다. 355년 콘스탄티누스 황제의 어머니 헬레나가 예루살렘에서 로마까지 옮겨왔다고 한다. 이 계단은 바티칸 천사의 성으로 옮겨졌다. 이 계단을 오를 땐 항상 무릎을 꿇고 올라가야 하며 꼭대기에는 교황의 기도실이 있다. 오래 보존하기 위해 나무로 덧씌워 놓은 상태이다.

루터는 본격적으로 신학강의를 했다. 선제후 프리드리히는 루터가 공부하고 학위를 30세의 신학박사 루터의 일정이 바빠졌다. 수사로서, 교수로서, 사제로서 세 가지 임무를 동시에 수행하다보니 *시간경마저 빠지는 일이 종종 있었다. 이로 인해 루터의 자책감은 점점 더 커지고, 수도원에 들어오기 전에 종종 겪었던 우울증이 이따금 도졌다. 게다가 하나님 앞에서 자신의 소임을 제대로 하지 못했다는 자책감으로 고해성사 시간이 6시간이나 계속된 적도 있다. 그때마다 슈타우피츠는 그만해도 된다며 루터를 위로했다.

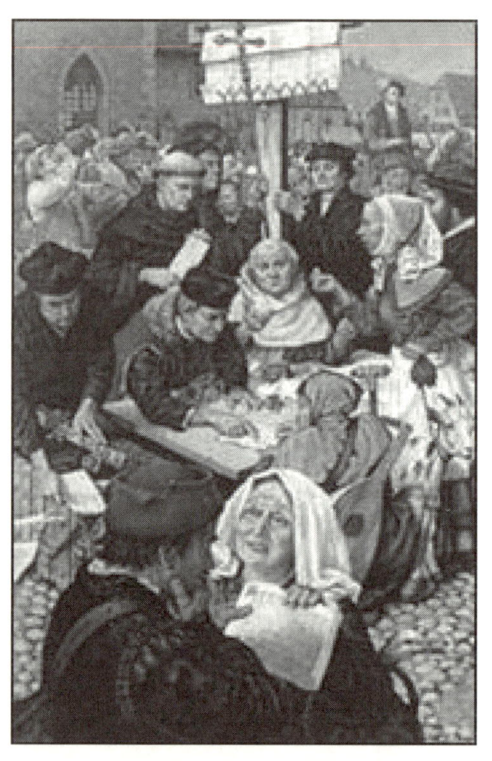

종교개혁전의 전형적인 독일시장



루터는 일차적으로 1513년에 시편을 강의하기 시작했다. 시편은 루터에게 매우 익

숙한 성경이다. 수도사가 되기로 작정하면서부터 아침마다 매일 시편을 낭송했다. 도무지 뜻을 이해할 수 없어서 고심했던 구절들도 있다. 특히 시편 31:1의 "주의 의로 나를 건지소서!" 라는 구절은 심판의 주 하나님의 의가 어떻게 우리를 자유롭게 하는지 알 수가 없었다. 그러나 한편으로는 성경을 연구하면 할수록 교회의 잘못된 행위들이 선명하게 드러났다. 로마에 갔을 때 보았던 종교지도자들의 타락과 성물숭배 사상 등의 문제점을 새로이 발견할 수 있었다.

설교하는 루터



* 시간경 시간경은 모두 일곱으로 나눈다. 밤이나 새벽의 독서기도, 아침에 일어나서 아침기도, 오전 아홉시쯤에 삼시경, 정오에 육시경, 오후 세시쯤에 구시경, 저녁에 일과 마치며 저녁기도, 밤에 잠들기 전 마지막 기도가 있다. 참고로 시편 119:164에 주의 의로운 법으로 인해 하루에 일곱 번씩 주를 찬양한다는 내용이 담겨있다.

1515년 루터는 로마서 강의를 하는 도중 비로소 오랜 영적 고민의 해답을 얻고 영적 자유를 만끽한다. 그후 루터의 신앙은 하나님 중심이 되었고, 모든 판단의 기준을 인간이 아닌 하나님, 즉 성경말씀에 두었다. 따라서 루터의 신앙 양심으로는 면죄부 판매를 도저히 용납할 수 없었을 뿐더러 침묵할 수도 없었다.

## 루터의 일화

루터는 비텐베르크에 있는 성(城)교회의 묘지에 묻혔다. 그 교회는 루터가 〈95개조 논제〉를 붙인 곳이기도 하다. 루터가 묻힌 다음 해, 카를 5세가 루터의 무덤을 찾아왔다. 옆에 있던 신하가 말했다.

"이단의 우두머리인데 뼈라도 파내 화형을 시켜야하지 않을까요?"

그러자 카를 5세는 이렇게 대답했다.

"나는 살아 있는 사람과 싸우지 죽은 사람과는 싸우지 않는다. 부활과 심판의 날이 올 때까지 여기에 잠들게 하라."

# 기도는 루터의 호흡

루터는 마그데부르크의 대성당 부속학교에서 조용한 기도생활의 방법을 체득했다. 수도원 생활을 통해 루터는 드디어 구원의 길을 발견했다고 느꼈다. 그러나 그것도 순간이었고, 첫 미사 때 느끼던 알 수 없는 두려움과 압박이 이따금 고개를 쳐들었다. 수도원생활 자체가 한 틈의 허술함 없이 짜인 시간표대로 움직이는 바람에 허튼 생각에 빠질 짬이 없었다. 그러나 수도원 생활을 통해 루터의 기도훈련이 시작되었다.

처음에야 모든 것이 불확실한 가운데 맹목적 훈련처럼 기도시간에 임했을 수도 있겠지만 루터가 종교사에 큰 흔적을 남기는 데 하나님의 도구로 사용되었다는 것은 그의 호흡이 곧 기도였기 때문이다. 루터는 모든 기도 시간을 철저히 지키면서 경건에 힘썼지만 늘 자신이 하나님의 기준에 못 미친다는 생각을 했다.

물론 소위 '시간경' 이라 하여 하루 여덟 번씩 기도시간이 있었다. 한 주를 단위로 시편 전체를 낭독한다. 독서기도와 아침기도로 새벽을 연다. 루터와 동료 수도사들은 새벽 두 시에 울리는 종소리와 함께 첫 기도를 올리며 하루 일과를 시작했고, 하루에 적어도 일곱 번 이상 기도했다. 또한 루터는 바쁠수록 더 오래 기도했다.

# 7 선제후 프리드리히



작센의 *선제후 프리드리히는 루터의 삶에 있어서 매우 큰 비중을 차지하는 인물이다. 프리드리히는 1502년 비텐베르크에 대학을 세웠다. 비텐베르크는 에르푸르트에 비해 매우 작은 도시였다. 한 예로 에르푸르트에는 36개에 달하는 교회가 있었지만 비텐베르크에는 작은 건물의 교회 두개 밖에 없었다. 루터가 기거하던 아우구스티누스회 수도원도 완공된 상태가 아니었다.

그러나 루터가 유럽 전체에 종교적 대지진을 일으키기 전에도 이

---

* 선제후 신성로마제국 황제를 선정하는 역할을 하였던 신성로마제국의 선거인단이다. 선제후는 백작, 공작 그리고 대공과 같이 대단히 높은 직책을 맡고 있었으며, 위계상 신성로마제국의 봉건 제후들 가운데 왕 또는 황제 다음으로 높았다.

루터를 늘 보호했던 선제후 프레드릭

작은 도시가 영향력을 발휘할 수 있었던 것은 선제후 프리드리히 때문이었다. 프리드리히는 루터보다 20년 먼저 태어나 1525년에 세상을 떠났다. 1525년은 루터가 결혼을 한 해이기도 하다.

프리드리히는 신앙심이 깊고, 판단력이 뛰어난 인물이었다. 또한 성인들의 유물 수집광이기도 했다. 프리드리히는 작센을 독일의 로마로 만들고 싶어 했다. 1490년부터 비텐베르크 시를 꾸준히 개발했다. 도시 서쪽에 성을 짓고, 성에 딸린 교회를 지었다.(이후로는 이 교회를 교회를 '성(城)교회' 로 칭하겠다.) 이 성교회는 1503년 이후 대학으로 사용되기도 시작했다. 루터가 이곳에 처음 왔을 때 60여명의 수사들이 매일 미사를 드리곤 했다.

무엇보다 성교회에는 프리드리히가 수집한 성물들이 가득하여 박물관을 연상시켰다. 그가 수집한 성물 가운데는 예수가 썼던 가

시관의 가시와 성 안나의 엄지손가락, 동정녀 마리아의 모유 다섯 방울, 마리아의 머리카락 네 가닥, 아기 예수가 누웠던 구유의 나뭇조각 13개 등이 있었다. 프리드리히가 죽기 몇 해 전까지 모두 2천 점에 달하는 성물이 그곳에 소장되었다. 로마 성지까지 갈 수 없는 많은 사람들이 이곳을 방문하여 성물을 보고 만지고, 얻어가기도 했다. 프리드리히는 늘 루터를 보호하고 후원했지만 면죄부가 아무런 효능이 없다는 설교를 들을 때마다 마음이 불편했다. 그 말은 곧 자신이 모아놓은 성물도 아무 효능이 없다는 뜻이기 때문이다.

선제후 프리드리히

사실 비텐베르크와 같은 작은 도시에 대학을 짓는 것이 쉬운 일이 아니었다. 그러나 프리드리히는 자신의 정치적 영향력을 힘입어 황제의 허가를 받았으나 교황의 승인은 시간이 지체되어 5년 후에나 받아냈다. 자신이 세운 대학이니 만큼 애착이 컸고, 대학에서 강의하는 교수들에 대한 신뢰와 배려는 이루 말할 수 없을 정도였다. 루터가 1512년 비텐베르크 대학에서 신학박사 학위를  받기까지 경제적 지원을 아끼지 않았다.

모든 설교의 필수요소는 기도이다.

그 어떤 설교도 기도가 빠지면 안 된다.

# 4장

# 세계를 바꾼 개혁자

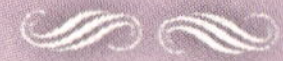

# - 고난 중의 기도 -

"주여,

제가 고통과 고난 가운데 있나이다.

제게 큰 문제가 있나이다.

마귀가 저를 비웃나이다.

저의 신실함을 가늠하지 마소서

오직 주의 말씀만 의지하여 간구하오니

이 어려움 속에서 저를 건져 내소서,

아멘."

# 8 레오 10세와 면죄부



레오 10세의 본명은 조반니데 메디치로 피렌체의 명문 메디치가 출신이다. 젊은 시절에 피사에서 교육을 받았고, 1489년 추기경이 되었다. 정치와 전략적 재능이 탁월하여 교황청의 외교를 담당하였다. 그 후 1513년 *율리우스 2세의 뒤를 이어 37세로 교황에 즉위했다.

레오 10세는 사냥과 도박을 즐겼다. 사냥을 갈 때 수행원이 자그마치 1천 명이 넘었다. 레오 10세는 학문과 예술에 대한 열정이 넘쳐 바티칸에 들어가서도 자신의 꿈을 맘껏 펼쳤다. 학예, 미술을 보

In Vollmacht aller Heiligen
und in Erbarmung gegen Dich, absolvire
Ich Dich von allen Sünden und Missetha-
ten und erlasse Dir alle Strafen auf zehn
Tage.
Johannes Tietzel.

면죄부(테젤의 서명이 보인다)

호하고 로마를 르네상스 문화의 중심지로 만들었다. 당시 로마는 르네상스문화의 중추역할을 했다. 레오 10세 역시 레오나르도 다빈치, 미켈란젤로, 라파엘로를 통해 교황청을 예술의 온상으로 만드는데 전력을 기울였다. 이를 위해 돈을 끌어 한껏 모았고 모은 돈을 다시 탕진하였다. 급기야 사제직을 팔고 사는 장사가 큰 수입원이 되었다.

레오 10세는 워낙 씀씀이가 큰데다가 베드로의 유골 위에 장대



* 교황 율리우스 2세(1503~1513) 라파엘로와 미켈란젤로와 관계가 돈독했다. 라파엘로는 그의 초상화를 그렸고, 미켈란젤로는 그의 납골당을 조각했다. 프랑스와 동맹을 맺어 베네치아를 공격하고, 다시 프랑스의 세력이 강화되자 다시 에스파냐와 동맹을 맺어 프랑스를 견제하는데 성공하는 등 국제 전술에 능했다. 막대한 금화를 저축하고, 실추되었던 교황의 명예를 어느 정도 회복하는데도 성공하지만 에라스무스에게 독설을 들었다. 미켈란젤로가 그의 동상을 만들 때 손에 성경을 든 모습으로 만들려 하자 성경 대신에 칼을 들게 했다는 일화도 있다. 라파엘로, 미켈란젤로를 통해 로마의 문화적 번성기를 맞는다.

한 성당을 세우겠다는 계획까지 진행 중이라 막대한 재정이 필요했다. 사실 이 성당건립은 전임 교황이 시작한 것이었으나 기둥만 달랑 세워놓고 세상을 등진 것을 레오 10세가 이어받아 추진했다. 1517년 레오 10세는 베드로 대성당 건립자금을 모으려고 이른바 면죄부(免罪符)를 대대적으로 팔았다. 그러나 레오 10세는 전임 교황 율리우스 2세가 남겨둔 금화 70만 냥은 물론 자신이 벌어들인 것을 탕진하고도 부족하여 후임 교황에게까지 빚을 물려주었다.

교황 레오10세

그 당시 성직자는 그 권력이 막강했다. 도덕적으로도 문란하여 많은 사생아들을 낳았고, 교회는 이들의 양육기관 역할을 했다. 이러한 풍경은 루터가 로마에 갔을 때 이미 두 눈으로 확인한 적이 있다.

돈만 많으면 주교 자리도 얻을 수 있는 시대였다. 한 예로 알프레드는 23세라는 젊은 나이에 마그데부르크와 할버쉬타트 두 교구의 주교자리를 차지했다. 그런데 알프레드에겐 더 큰 야심이 있었다. 마인츠의 대주교 자리를 차지하여 독일교회 전체의 실권자가 되고 싶었다. *신성로마제국 시대 대주교에겐 황제선출권이 있었다.

알프레드는 교황이 돈에 쪼들리고 있다는 사실을 잘 알고 있었다. 알프레드는 교황을 알현하고 직접 협상에 나섰다. 교황이 제시한 액수는 알프레드 능력 밖의 거액이었다. 그러나 협상에 능한 알프레드는 푸거가문을 통해 총 2만 9천 굴덴을 선 지급한다는 조건으로 계약을 성사시켰다. 푸거가는 아우스부르크를 거점으로 한 15~16세기에 부유한 상인집안으로 대규모의 금융기관도 운영했다. 푸거가가 금융업에서 성공할 수 있었던 것은 교회와 맞물려 있었기

비텐베르크 광장



* 신성로마제국 독일이 신성로마제국이라는 호칭을 사용하기 시작한 것은 15세기이다. 고대 로마제국의 부활, 연장의 의미와 그리스도교회와 일체라는 뜻에서 신성(神聖)이 합쳐진 말이다.

때문이다. 즉 교회는 치유와 은총을 돈으로 환산하여 거래를 했기 때문이다. 예를 들어 성인들의 이름은 거액의 예치금과 같았다. 구체적인 예를 들자면 추도 미사에 지불되는 비용은 2굴덴, 속죄의 기도는 1굴덴, 면죄는 5굴덴이었다. 그런데 가진 돈이 없는 사람들은 대부기관을 통해 높은 이자를 내고 빌려야 했다.

따라서 희귀한 성물들을 많이 보유하고 있을수록 교회의 수입도 늘어났다. 성지가 있는 곳곳에 금융기관도 항상 있었다. 그야말로 교회와 금융기관은 악어와 악어새의 관계인 것이다.

교황은 알프레드에게 8년 동안 *면죄부를 팔 수 있는 권한을 부여했다. 면죄부 판매수익으로 성 베드로 성당건축 자금도 충당하고, 빌린 돈도 갚을 수 있었다. 면죄부 판매가 종교개혁의 불씨 역할을 했지만 그 시대에 처음 등장한 것은 아니었다. 십자군 전쟁시 십자군에 참여하는 사람과 특정한 십자군을 위한 기금 기부자를 위해



---

* 면죄부 면죄부는 고해자의 죄고백을 듣고 죄사면을 하는 가톨릭의 고해성사와 연관이 있다. 사제는 죄책에 대한 보속으로 순교, 시편 낭송, 특별기도 등의 행위를 하게 하였다. 한편 교회는 이미 그리스도와 성인들에 의해 축적된 선행의 보물창고를 가지고 있으므로 보속의 의무를 대신할 수 있었고, 그 방법의 하나가 면죄부를 판매할 수 있도록 제도화된 것이었다. 즉, 고해 성사를 받은 사람들이 고해 성사로 죄는 사함을 받았지만은 그 죄에 따라오는 잠벌(이 세상이나 연옥에서 잠시 받는 벌.)의 일부나 혹은 그 전부를 그리스도의 무한한 공로로써 면제해주는 은전이다. 오늘날로 말하면 대통령이 경축일에 특사를 베푸는 것과 같다.

교황 레오10세(1513-1521)

면죄부를 발행한 적이 있다. 곧 기념 면죄부가 발행됐다. 이 면죄부는 로마의 건국을 기념하는 해에 로마에 있는 베드로와 바울의 묘를 방문하는 사람들에게 주어졌다. 보니파치우스 8세는 그렇게 기념하는 해는 1백 년마다 열리도록 규정했지만 그 기간은 점점 단축되어 돈을 주고 일괄 면죄부나 특별 면죄부를 구입할 기회는 점점 더 많아졌다. 레오 10세에 앞서 교황 율리우스 2세 역시 성 베드로 성당 신축을 위해 1506년 일괄 면죄부를 발행했다.



면죄부 판매수익은 기존의 성물숭배와는 비교도 되지 않을 정도로 거액이었다. 면죄부 판매를 위해서는 무엇보다 언변이 탁월한 인물이 필요했고, 테첼이 그 적임자였다. 테첼은 십자군시대의 3대 종교기사단의 하나인 독일기사단의 일원이며, 도미니크 수도회 수도사였다. 테첼은 레오 10세 이전 1502년부터 면죄부 판매 설교사로서 명성이 높았다. 마르틴 루터가 〈95개조 논제〉를 통해 면죄부 판매 비판을 표면화시키게 된 직접적인 계기는 테첼이 비텐베르크 인근까지 와서 면죄부를 판매하였기 때문이다. 이에 대항하여 테첼 측에서도 106개조의 반박문을 발표하긴 했으나 헛수고가 되었다.

여하튼 면죄부는 날개 돋치듯 팔렸다. 테첼의 언변은 정말 탁월했고, 그의 설교를 들으면 너도나도 면죄부를 사지 않고는 못 배길 정도였다. 단지 프리드리히 통치 하에 있는 비텐베르크에는 발도 디딜 수 없었다. 그러자 테첼은 면죄부 판매설교에 루터를 매도하는 설교도 곁들였다.

1517년 테첼이 비텐베르크에서 겨우 32킬로미터 떨어진 두 도시도 방문했다. 사람들이 인근 도시까지 가서 면죄부를 사들고 왔다. 면죄부 빈 칸에는 그것을 산 사람이 임의로 이름을 써넣을 수 있었고, 면죄부의 값은 그것을 사는 사람의 수입에 따라 차별화 하였다.

"금화가 헌금 궤에 떨어지며 소리를 내는 순간 영혼은 연옥을 벗어나 하늘나라를 향해 올라가리라" 고 테첼은 목청을 높여 외쳤다. 돈으로 구원을 살 수 있다는 생각은 이미 죽어 연옥에 가 있는 이들에게도 가능한 것으로 여겨졌기에 테첼의 말은 사람들의 마음을 사로잡기에 충분했다.

그러나 후에 테첼은 교황청의 희생양이 되고 만다. 루터의 지지자들이 늘어나고 독일의 분위기가 뒤숭숭해지자 교황은 면죄부는 교회가 정한 벌을 줄일 뿐 하나님이 죄를 용서하셨다는 확신서가 아

엘베강과 비텐베르크 시

니라며 면죄부에 대한 입장을 수정한 새로운 교서를 반포한다. 그리고 면죄부에 대한 그릇된 인식은 모두 테첼의 탓으로 돌려버렸다. 그리고 테첼은 면죄부를 팔아 자신의 재산을 늘렸을 뿐 아니라 사생아를 둘이나 낳았다고 폭로했다. 이 모두가 사실이었기에 테첼은 피할 길이 없었다. 결국 테첼은 라이프치히 한 수도원으로 도망가서 몇 달 뒤 원통해 하다가 숨을 거두었다.

## 루터의 일화

루터에게 프리드리히 니코니우스라는 동료가 있었다. 루터는 종교 개혁으로 한창 정신없이 바쁠 때 프리드리히는 병으로 죽어가고 있었다. 프리드리히도 마지막 때가 얼마 남지 않았음을 알아채고 루터에게 편지를 써 보냈다. 그런데 루터는 프리드리히의 도움이 없이는 안 되는 일을 하고 있던 중이었다. 루터가 즉시 답장을 썼다. 답장 가운데 다음과 같은 내용이 담겨 있었다.

"주 여호와의 이름으로 자네에게 명령하네. 자네는 죽어서는 안 되네. 자네가 사는 것이 내가 바라는 것이며 곧 하나님의 뜻이라네. 내가 하나님의 영광을 위해 일하고 있으니 내 기도를 반드시 들어주실 것을 확신하네."

루터의 답장이 도착하였을 때 프리드리히는 거의 의식을 잃은 상태였다. 누군가가 루터의 답장을 큰 소리로 읽어주었다. 그러자 프리드리히는 의식을 되찾고 살아났다. 프리드리히는 그후 6년간 루터를 돕다가 하나님 곁으로 갔다. 루터는 하나님께서 자기의 기도를 들으신다는 것을 조금도 의심하지 않았다.

# 9 '테제의 문' 95개조 논제



1517년 말 겨울 루터는 여느 때처럼 학생들을 가르치고 성경을 연구했다. 특히 갈라디아서와 히브리서 강의를 할 때마다 자신이 발견한 진리, 즉 오직 믿음으로 은혜를 입어 구원받을 수 있다는 것을 거듭 이야기했다. 그리고 그 진리가 대학 전체는 물론 유럽 곳곳으로 확산되기를 간절히 원했다.

루터는 성서를 원어로 연구하고 싶다는 생각에 그리스어와 히브리어를 가르칠 적임자를 수소문했다. 루터의 생각을 이해하고 적극 따르는 학생들이 늘어났고 동료들도 생겼다.

루터는 교구를 담당한 사제로서의 영적 책임감 때문에 두 차례에 걸쳐 면죄부 판매가 잘못되었다는 설교를 했으나 아무런 소용이 없었다. 그 무렵 루터의 설교는 꽤 인기가 있었음에도 불구하고 교구민들이 비텐베르크를 벗어나 대주교 알브레히트가 면죄부 판매를 허용한 위터보그나 체릅스트까지 가서 면죄부를 사오더니만 한 술 더 떠 루터에게 더 이상 고해성사를 하지 않았던 것이다. 면죄부가 있으니 별도로 고해성사를 할 필요가 없다는 생각 때문이었다. 루터는 여러모로 충격을 받고 95개 논제를 통하여 면죄부 논리와 그 효력에 대해 총체적인 토론이 필요하다고 판단하였다.

1517년 10월 31일 루터는 독일 비텐베르크의 성(城)교회 문에 〈95개조 논제〉가 내걸렸다. 이 날은 제성기념일( '모든 성인의 날'

테제의 문

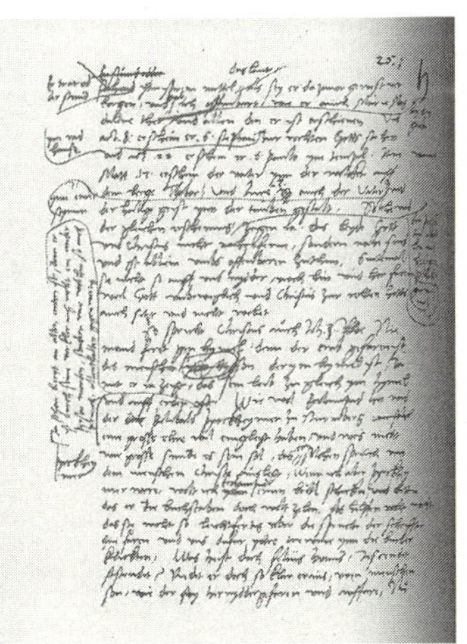

루터 95개조 논제의 친필
(덴마크 코펜하게 도서관소재)

전날 밤) 전날이었다. 학생과 교수 사이의 열린 토론을 위해 일종의 대자보 역할을 하는 교회 문에 논제를 붙여놓는 것은 비텐베르크 대학의 전통처럼 되어 버렸다. 이것은 루터가 본격적인 논쟁을 선포한다는 뜻이다. 사실 루터는 1515년부터 아우구스티누스 수도원을 열 한군데나 감독하고 있었다. 따라서 정기적으로 수도원을 방문해야 했고, 문제가 생기면 해결책을 강구해야 했다. 그러나 서신이나 직접 방문 등을 통해 자신의 신앙관을 공적으로 피력할 수 있는 위치에 있었다. 루터가 〈95개조 논제〉를 발표하기 전까지는 루터의 신앙관이 그 시대에 있어서 얼마나 급진적이었는지 본인조차 모르고 있었다. 그런데 면죄부 논쟁을 계기로 표면화 되었다.



〈95개조 논제〉는 모두 라틴어로 쓰였다. 물론 루터의 의도는 95개조의 논제를 통해 면죄부의 잘못된 점을 공개적으로 지적하는 것이었다. 그러나 이 당시 루터의 신학은 아직 체계화되지 않은 상태였다. 단지 진심으로 회개하는 그리스도교도들은 면죄부가 없어도 구원을 받을 수 있다는 것이 루터 신앙관의 저변에 깔려 있을 뿐이었다.

"교회의 참 보고(寶庫)가 하나님의 영광과 은혜의 거룩한 복음이며, 그리스도의 십자가에 나타난 자비는 면죄부와 결코 비교할 수 없는 것" 이라고 밝혔다.

성문에 95개조
논제를 붙이는 루터

성문에 95개조
논제를 붙이는 루터의 모습

〈95개조 논제〉는 대량으로 인쇄되어 독일은 물론 인근 국가로 급속도로 퍼져나갔다. 구텐베르크의 인쇄술 덕분이다. 이 기술로 인해 개혁 정신은 대학의 울타리를 벗어나 온 지역으로 퍼질 수 있었다. 구텐베르크의 인쇄술은 또 다른 혁명이었다. 그러나 아이러니컬하게도 구텐베르크는 〈95개조 논제〉에 앞서 면죄부를 열심히 찍어내고 있었다. 그리고 후엔 루터가 번역한 성경을 찍어낸다. 구텐베르크 이전에는 수도원을 중심으로 성경을 일일이 손으로 베껴 썼다. 극과 극의 중간지대에서 그 어느 편에도 기울지 않고 장사에 바빴던 것이다. 그러나 결과적으로 인쇄술이 없었다면 루터의 종교개혁은 성공하기 힘들다는 추론이 충분히 가능하다. 성경 뿐 아니라 여러 출판물이 인쇄술 덕분에 봇물 터지듯 쏟아져 나왔다.

영화 〈루터〉속의 〈95개조 논제〉 모습



독일 그리스도인 귀족들에

게 소도시 비텐베르크의 수도사이자 교수인 루터가 자신의 뜻과는 관계없이 일약 독일 민족의 대변자로, 종교개혁의 주자로 캐스팅 되었다. 그 이유는 그동안 축적된 독일 민족의 분노가 포화상태에 달했기 때문이다. 종교개혁의 불씨는 작센에서 시작되었다. 작센은 강력한 통치력을 구사하는 선제후 프리드리히가 루터를 보호했기 때문에 종교개혁의 불씨가 꺼지지 않고 타오를 수 있었다. 면죄부 판매가 특히 독일에서 성행했던 이유는 독일은 프랑스를 비롯한 인근 유럽국가처럼 왕권이 강력하지 못했기 때문이다. 즉 크고 작은 300여개의 제후국으로 나뉘어 권력이 분산되어 있던 독일은 뚜렷한 구심점이 없어 교황청의 좋은 착취대상으로 적격이었던 것이다.

면죄부를 아무리 그럴싸한 말로 포장한다고 하더라도 속 알맹이는 결국 돈으로 구원을 살 수 있다는 논리이다. 루터는 설교를 통해 면죄부 판매를 비난하기 시작하였으나 별 소용이 없었다. 오히려 테첼이 방문하는 곳마다 성대한 준비가 앞서 이루어졌다. 즉 테첼이 온다는 사실을 대대적으로 홍보했을 뿐 아니라 설교단까지 마련하였다.

루터는 교황이 성 베드로 대성당을 팔아 그 돈을 가난한 사람들에게 나누어 주는 게 더 나을 거라고 제안했다. 루터는 자기가 쓴 주제의 사본을 대주교 알브레히트에게 보내면서 면죄부 판매를 비난하는 편지도 함께 보냈다.

이 세상이 죄 가운데 있기 때문에 그리스도인들은 쉬지 않고 기도해야 한다. 이 세상 사는 동안 계속될 영적 전투에서 기도는 우리가 가진 가장 강력한 방패이다.

# 5장

# 교회의 머리는 그리스도

## - 확신을 구하는 기도 -

"주 하나님,

주께서 제 기도를 들으셨다는 것에 대한

확신을 주옵소서

제게 확신이 없으면 더 이상 기도할 수 없나이다.

주 예수 그리스도의 이름으로 기도하라 명하셨나이다

제 공로가 아니라 주의 도우심으로 인해

제가 기도하나이다.

아멘."

# 10 아우구스부르크 청문회

루터는 자신이 일을 너무 크게 벌인 것이 아닌가 걱정을 했지만 이렇다 할 일이 벌어지지 않자 평소대로 하던 일에 몰두했다. 다만 알브레히트는 루터가 제기한 95개 논제를 읽고 노발대발했다. 그리고 그 사본을 교황 레오 10세에게 보냈다. 교황은 처음에는 변방에 사는 한 수도사의 객기 정도로만 생각했다. 레오 10세는 루터를 '술주정뱅이' 로 부르면서 술에서 깨면 곧 괜찮아질 것이라고 말했다.

교황청에서도 알브레히트에게서도 아무런 연락이 없었다. 선제후 프리드리히 역시 교황이 싫어할 것이라고만 귀띔할 뿐이었다. 루터가 속한 아우구스티누스 지역교구에서도 주의하라는 식의 가벼운 경고만 있었다. 루터의 일부 동료들도 별로 동요하는 기색이 없었다. 주위의 반응이 침묵으로 일관되다보니 오히려 루터의 마음이 불안해지기 시작했다.

그 사이 독일어로 번역된 논제들이 인쇄기의 힘을 빌려 무더기로 쏟아져 나와 여러 지역으로 퍼져나갔다. 논제에 대한 소감을 적은 편지도 받았다. 루터의 생각을 지지하며 힘내라는 내용이 대부분이었다.

알브레히트는 교황에게 복사본을 보내기 전 마인츠 대학에 보내 의견을 물었다. 그러나 마인츠에서는 답을 하지 않았다. 미온적인 태도를 보였을 뿐이다. 다만 면죄부 판매 최전선에서 활약하던 테첼만 바쁘게 뛰었다. 루터의 논제는 곧 자기를 겨냥한 것이라고 생각했기 때문이다.



루터는 논제에 대한 설명을 곁들여 재작성 했다. 그리고 오직 하나님만 죄를 사하실 수 있다고 주장했다. 면죄부가 아무런 효능이 없다는 점은 여전했다. 논제해설서 출판은 유보되었다. 한편 테첼도 자신의 입장을 밝히고 루터를 반박하는 글을 발표했다. 루터는 테첼에 대해 별다른 관심을 보이지 않았지만, 만만치 않은 적수의 등장으로 당황하게 되었다. 그는 한 때 루터가 호감을 표한 동료이기도 한 요한 에크와 논쟁을 벌이게 되었기 때문이다.

로마에서도 뒤늦게 전갈이 왔다. 내용인즉 루터를 로마로 소환해서 설득하면 될 것 같다는 것이다. 그리고 이 일은 프리에리아스가 전담하기로 했다. 교황은 루터의 생각이나 변론에는 애당초 관심이 없었다. 다만 루터가 교황의 권위를 인정하지 않았다는 것과 그것을 취소시키는 데만 급급했다. 또한 자칫하면 수백 년 내려온 면죄부의 타당성이 그 기반을 잃을 수도 있었다. 그것도 일개 수도사로 인해 말이다.

1518년 8월 7일 프리에리아스가 작성한 문서가 루터에게 전해졌다. 루터의 〈95개조 논제〉와 관련하여 루터가 이단설을 유포한다는 것이 공식화 되어버렸다. 이로 인해 루터는 로마로 소환되어 그에

멜란히톤과 논쟁하는 루터

해당하는 재판을 받아야 했다. 그제야 루터는 자신이 얼마나 위험한 상황에 처했는지 감지했다. 사실 루터가 원했던 것은 자신의 논제와 신앙관이 옳은지 그른지 성경을 근거로 논증하는 것이었다.

모두 루터가 이단이라고만 할 뿐 그것을 뒷받침하는 성경 말씀을 제시하지 않았다. 다만 교황권에 정면도전한 것으로만 몰아붙일 뿐이었다. 로마에 소환되면 십중팔구 이단으로 몰려 화형을 당할 것이라는 것을 루터와 주위 사람들은 알고 있었다. 그러나 그해 10월



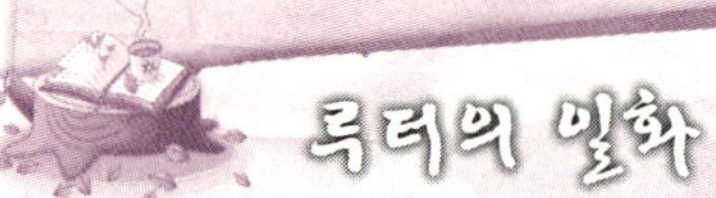


루터가 바르트부르크 성에 숨어 독일어로 성경을 번역하고 있었다. 그런데 우울증이 도지면서 아무런 의욕이 나지 않았다. 그때 마귀가 나타나 너 같은 죄인이 무슨 종교개혁이냐며 루터를 조롱했다. 그러자 루터는 "사탄아 물러가라!" 고 외치면서 옆에 있는 잉크병을 집어 마귀를 향해 냅다 던졌다. 그 잉크 자국이 지금도 서재 벽에 남아있다고 한다.(그곳에 가면 정말 잉크자국이 있긴 하다. 그러나 지금은 관광객들을 위해 수 년 마다 칠을 하여 자국을 선명하게 만든다고 한다.)

7일까지 로마로 가야한다.

다행히 루터의 주변엔 선제후 프리드리히와 같이 정치적 영향권을 행사할 수 있는 인물이 있었다. 그래서 로마에 가지 않고 독일에서 심문을 받게 해달라고 요청했다. 그 요청이 받아들여져서 루터는 로마에 가지 않아도 되었다.

대신 아우크스부르크에 교황의 특사 *카예타누스 추기경을 만나 자신의 입장을 밝히고 변론을 해야 한다. 그곳에 도착할 때까지의 안전은 선제후 프리드리히가 책임지겠다고 약속했다. 루터는 이미 교황청의 소환은 피했지만, 적들이 많아졌기 때문이다.

그 무렵 카예타누스에겐 여러 가지 의무가 주어졌기 때문에 루터의 문제에만 매달릴 수 없었다. 교황청에 납부하는 세금문제와 곧 다가올 황제 선거와 관련된 로비를 펼쳐야했기 때문에 루터와 논쟁할 생각이 없었다.

신학적 학식이 뛰어난 카예타누스는 루터의 논제에서 성경에 위배되는 특별한 문제점을 발견하지 못했다. 다만 교황권에 대한 비판은 묵살할 수 없다고 생각했다. 카예타누스도 루터가 화형에 처해



* 카예타누스 카예타누스는 도미니크 수도회 총회장과 추기경을 지냈으며, 토마스 아퀴나스의 〈신학대전〉을 주해한 것으로 유명하다.

야 한다고 생각하는 사람들 가운데 하나였다. 게다가 토론시간이 길어지면서 교황의 수위권에 대해 논박이 오고갔다. 카예타누스는 교황 클레멘스의 교서를 들먹이며 루터의 주장을 취소하라고 으름장을 놓았다. 루터는 교황보다 교회회의가 더 높으며 모든 인간들은 오류를 범할 수 있기 때문에 최종적인 권위는 성서가 가진다고 말했던 것이다. 게다가 죄인을 의롭게 하는 것은 가톨릭의 갖가지 성사가 아니라 '믿음' 이라고 주장했다.

논쟁은 3일 동안 이어졌다. 루터로부터 '뉘우친다' 는 말을 쉽게 들을 줄 알았는데 전혀 예기치 못한 상황이 벌어지자 카예타누스는 선제후 프리드리히에게 루터를 '교황청으로 넘기거나 영지로부터 추방' 하라는 편지를 보냈다. 결국 두 사람의 토론은 이렇다 할 성과 없이 끝나버렸다. 논쟁이 끝난 후에도 루터는 아우구스부르크를 떠날 수 없었다. 그래서 감시를 받듯 열흘 간 숙소에 머물렀다. 그러던 중 한 밤중에 찾아온 슈타우피츠의 도움으로 루터는 말을 타고 몰래 그곳을 빠져갔다. 이 때 슈타우피츠는 수도원에 대한 순종의 서약으로부터 루터를 풀어주었다. 그후 루터는 선제후 프리드리히의 보호 아래 작센에 머물 수 있었다.



그후 루터는 카예타누스 추기경과의 논쟁을 글로 써서 책으로 펴냈다. 그 가운데 "그는 왜 반대하는지 성경적 근거를 하나도 제시하지 못했다." 라는 기록이 있었다. 그후 루터의 명성은 마냥 높아졌다.

## 시편으로 기도한 루터

'작은 성경' 으로 불리는 시편을 낭독하는 것은 영적전투의 기초훈련과도 같다. 루터는 하루 서너 시간씩 기도훈련을 했다. 기도를 위한 최고의 훈련서는 성경이고, 성경 가운데서도 시편이다. 루터는 매일 아침기도회 때마다 성경을 읽었다. 기계적인 낭송이 아니라 눈물과 간구로 읽었다. 자신의 지적능력으로는 도무지 이해할 수 없는 대목을 접했을 때에는 몸부림치며 자신의 한계를 인정했다.

루터는 자신의 기도에 대해 이렇게 말했다.

"내 기도법은 대략 이러하다. 먼저 내가 기도할 수 있는 것은 주의 은혜라는 것을 믿는다. 그러나 때때로 기도가 냉랭해지고, 아무런 기쁨도 느낄 수 없을 때에는 성경을 집어 들고 내 골방으로 들어간다. 골방에 들어가 먼저 십계명을 되뇌인다. 십계명이야말로 자기 자신을 돌아볼 수 있는 가장 선명한 거울이기 때문이다. 다음엔 어린아이들이 말을 배울 때 따라하듯 시편을 낭독하고, 그 다음 바울 서신을 읽는다.

그러나 주님께서는 가장 훌륭한 기도법을 이미 알려주셨다. "너는 기도할 때에 네 골방에 들어가 문을 닫고 은밀한 중에 계신 네 아버지께 기도하라 은밀한 중에 보시는 네 아버지께서 갚으시리라" 그리고 모든 기도의 첫마디는 당연히 "하늘에 계신 우리 아버지여 이름이 거룩히 여김을 받으시오며" 가 되어야 한다.

기도를 통해 하나님과 교제하는 것이 바로 믿음이다. 내가 아침에 두 시간씩 기도하지 않는 날은 마귀에게 패하는 날이다." 기도는 자신의 공로가 아니라 주님의 은혜라는 것을 루터는 거듭 강조했다.

루터의 시편기도에 대해 공감하는 신앙의 위인들이 많다. 본회퍼의 경우 "우리가 시편을 매일 읽는 것만으로도 하나님과의 대화가 성숙할 수 있다. 시편은 우리가 천박한 것에 매달리지 않고 깊이 사고할 수 있는 힘을 준다. 루터도 우리와 마찬가지로 처음엔 기도의 언어에 서툴렀을 것이다. 그러나 시편과 주기도문을 끊임없이 낭송하고 묵상하는 가운데 기도의 영이 임했다. 그래서 그의 기도는 늘 찬송과 감사로 마무리 될 수 있었을 것이다."

한 가지 더 예를 들자면 "우리에게 가장 중요한 것은 그리스도인으로서 어떻게 행동하느냐의 문제이다." 라는 말로 유명한 레오나르도 보프 신부는 시편기도에 대해 이렇게 말했다. "우리가 시편으로 기도할 때, 우리는 그 안에서 우리 영혼과 개인과 그룹의 엑스레이(X-ray)를 발견한다. 시편은 우리 영혼의 상태를 그대로 투시한다. 우리 안에 도사리고 있는 좌절과 기쁨, 두려움과 확신, 슬픔과 기쁨, 복수심과 용서 등을 그대로 드러낸다."

루터가 종교개혁자로 역사에 기록되기까지 얼마나 많은 영적전투와 기도가 있었겠는가? 기도하지 않고 그리스도인이 되는 것은 숨 쉬지 않고 사는 것처럼 불가능한 일이다.

# 11 라이프치히 논쟁



보리수' 를 뜻하는 '리프치' 에서 유래된 라이프치히는 학술과 예술의 도시이다. 1409년 라이프치히 대학이 설립돼 수많은 학자와 예술가를 배출했다. 괴테, 실러 같은 문인이나 바흐, 멘델스존 등의 음악가가 활약했던 곳이기도 하다.

루터와 카예타누스가 아우구스부르크에서 논쟁을 벌인 다음 해, 1519년 1월, 로마 교황청은 선제후 프리드리히에게 특사와 함께 황금장미를 보냈다. 그리고 성물수집광인 프리드리히가 소장하고 있는 성자들의 뼈 하나에 연옥에서의 형벌 100년을 감할 수 있다는 가치를 공식적으로 인정해 주었다.

대신 루터를 로마로 보내달라는 부탁과 함께 곧 다가올 황제 선출과 관련된 은밀한 제안을 했다. 그 무렵 막시밀리안 황제가 임종을 앞두고 있었기 때문이다.

한편 루터는 아우구스부르크 청문회 이후로 슈타우피츠와의 교제를 피했다. 루터가 소속된 아우구스티누스 수도회 내부에서 슈타우피츠가 루터와 가까운 관계를 유지한다는 것은 수도회 측에도 위험할 수 있다는 경고가 있었기 때문이다.

1517년 10월 31일
비텐베르크성 밖의 모습



1519년 6월 27일부터 20일 동안 라이프치히에서는 역사상 큰 획을 긋는 공개 신학논쟁이 있었다. 논쟁이 있을 것이라는 소문이 돌기 시작할 때부터 루터는 가급적 이 논쟁을 피하고 싶었다. 그러나 에크라는 인물은 한 때 루터의 학문동지였으면서도 루터를 이단으로 규정하고 교황청을 대변하여 논쟁을 벌일 예정이었다. 에크는 루터의 95개조의 면죄부 반박문에 대하여 〈오벨리스크〉 반박문을 작성해서 발표했고, 루터는 그에 대항하여 〈아리테리스크〉라는 답변서를 작성하였다. 이런 식으로 시작된 두 사람의 대결이 결국 라이

비텐베르크의 교회

프치히논쟁으로 이어지게 된 것이다.

그러나 라이프치히 주교가 이 논쟁을 반대하자 요한 에크는 루터와 함께 비텐베르크 대학에서 강의를 하는 칼슈타트와 토론회를 갖겠다며 라이프치히를 통치하던 조지 공작에게 부탁했다. 조지 공작은 자기 성의 강당을 토론장소로 내주었다. 200여명이 넘는 학생들이 루터와 칼슈타트를 에워싸고 성으로 들어왔고, 교회 지도자와 수도사를 포함하여 많은 사람들이 모여 있었다.



1517넌 7월 4일 유명한 라이프치히 논쟁의 막이 올랐다. 그런데 논쟁 첫날 새 황제가 선출되었는데 교황이 그렇게 막아보려고 애썼던 *카를5세가 황제로 선출된 것이다. 그러나 라이프치히 시민들은

---

* 카를5세 1519년에 막시밀리안이 죽자, 경쟁자인 프랑수아 1세를 누르고 신성로마 황제에 선정되었는데, 그때 푸거가(家)로부터 재정적 후원을 받았다. 황제즉위 당시 독일은 루터의 종교개혁운동에 휩싸여 있었는데, 카를은 1521년 보름스에 소집한 국회에서 루터에게 주장을 철회하라고 했으나 실패했다. 작센 선제후 프리드리히의 보호로 루터지지 세력이 늘어났으나 제압하지 못했다.

새 황제보다는 루터와 에크의 논쟁에 더 관심을 쏟았다. 비텐베르크 학생들이 무장을 하고 루터를 호위한데다가 65명에 달하는 무장 근위병이 토론자를 보호했다는 사실만 보아도 이 논쟁의 심각성을 짐작할 수 있다.

에크는 칼슈타트와의 논쟁에서 시종일관 우위를 차지했다. 책을 보지 않고 논쟁을 해야 한다는 규정으로 칼슈타트는 아무런 힘을 쓰지 못했다. 타고난 달변가이며 명민한 두뇌의 에크의 상대가 못되었다. 결국 루터가 나서 에크를 상대해야 했다. 에크는 루터가 교황의 권위를 부정했다는 사실을 인정하라고 몰아붙였고, 루터는 교회의 머리는 교황이 아니라는 주장을 굽히지 않았다.

이 논쟁에서 루터는 구원받기 위해 교황을 인정해야 할 필요는 없다고 반박하였다. 게다가 공의회가 *후스를 잘못 정죄한 것이라며 공의회도 과오를 범할 수 있다고 말했다. 이어 교회의 머리는 교황이 아니라 오직 그리스도라고 주장했다. 그 말에 조지 공작은 벌떡 일어나 나가버렸고 비텐베르크 진영은 찬물을 끼얹은 듯 조용했다.



---

* 후스(1369 ~1415) 체코의 종교 개혁자. 성서를 유일한 권위로 강조하고 고위 성직자들의 세속화를 강력히 비판하였다. 1414년 콘스탄트 공의회에 소환되어 화형에 처해졌다

루터의 발언은 스스로 이단자임을 인정하는 것과 다를 바 없었기 때문이다. 루터가 교황뿐만 아니라 공의회의 권위마저 부인하면서 루터도 이단으로 낙인 찍혔다.

기도를 했는데 아무런 응답이 없으면 하나님께서 우리 기도를 듣지 않으셨거나 하나님께서 화가 났다고 생각하기 쉽다. 나는 고난을 당할 때마다 하나님께서 왜 내 기도를 안 들어주시는지 깊이 생각했다. 드디어 그 답을 얻었다. 내가 당하는 고난이 하나님의 목적을 위해 필요한 것이라면, 고난을 없애달라는 내 기도를 들어주실 리가 없다는 사실이다.

6장

# 진리의 수호자 루터

## – 용서를 위한 기도 –

"주께서 저를 용서하신 것처럼

저도 용서하게 하소서.

용서함으로 제 영혼이 맑아지고 기쁨을 누리게 하소서.

용서함으로 제가 두려워하지 않게 하소서.

용서함으로 제가 겁내지 않게 하소서.

아멘."

# 12 교회를 파문하다

라이프치히 논쟁 이후 로마거리에서는 이미 루터의 인형을 만들어 불태웠다는 소문이 나돌기 시작했다. 라이프치히 논쟁 이듬해 초에 에크는 라이프치히 논쟁을 정리한 보고서를 교황에게 보냈다. 보고서가 전달 될 때 레오 10세는 때마침 멧돼지 사냥을 하고 있었다. 1520년 6월 24일 마침내 교황은 〈엑수르게 도미네(오, 주여 일어나소서)〉라는 제목의 새 교서를 발표하였다.



교황은 교서에서 루터를 멧돼지에 비유하여 "당신의 포도원에 야생 멧돼지 한 마리가 침입하였나이다." 고 기록했다. 교서의 핵심은 루터의 파문에 관한 것이었다. 다만 60일의 여유를 주고 그 사이 루터가 뉘우친다면, 그의 책들은 불태워지고, 루터는 로마까지 안전하게 인도되어 공식적으로 자기 소견을 취소하면 된다는 것이다. 자기의 잘못을 뉘우치면 용서해 주겠다고 했다. 그렇지 않을 경우 교회에서 파문되며 로마로 후송되어 선고를 받아야 할 것이라고 되어 있었다. 이제 신성로마제국 곳곳에 교황의 새 교서가 반포되어야 했다. 교서반포는 에크와 알레안더가 맡았다. 그러나 교서를 붙이는 일이 쉽지 않았다. 특히 에크는 작센에서 교서를 반포해야 했다. 민심은 루터 편이었기에 교서 반포가 수월치 않았다. 지역을 방문할 때마다 곤욕을 치르다 도미니크회 수도원으로 몸을 피할 정도였다. 상황이 이렇다보니 루터의 본거지라 할 수 있는 비텐베르크에는 발을 디딜 생각도 할 수가 없었다. 에르푸르트에서는 교서의 사본을 찢어 물속에 던져버리기도 했다. 심지어 루터와 에크가 대토론을 벌였던 라이프치히에서조차 반감을 표했고, 일부 학생들은 에크를 공격하기도 하고 협박장을 보내기도 했다.

멜란히톤의 집

독일 서부에서 교서 책임을 맡은 알레안더도 곤경에 처하기는 마찬가지였다. 교서와 함께 루터

교황의 교서와 면죄부, 교황파의 책들을 태우는 모습



의 책을 불사르는 것이 이들의 임무였는데 어떤 지역에서는 루터의 책 대신 루터를 반대하던 교황파의 책을 불태웠다, 결국 교황의 교서는 루터에게도 전해졌다. 1521년 10월 10일 루터는 가톨릭교회에서 파문 당한다.

루터가 파문당했다는 소식을 들은 멜란히톤은 비텐베르크 교수와 학생들을 소집했다. 멜란히톤은 루터를 파문시킨 교회를 파문하자고 외치면 교황의 교서를 불태웠다. 드높은 함성 속에서 교황의 교서와 면죄부와 루터를 반박하던 책들이 함께 불태워졌다. 반대로 루터의 책들이 불티나게 팔려나갔다. 특히 〈독일 국가의 귀족들에게 고함〉은 2주 만에 다 팔릴 정도였다.

한편 선제후 프리드리히는 교황청으로부터 루터의 책을 모조리 불태우고 루터를 로마로 보내라는 압력을 받고 있었다. 그러나 프리드리히는 만만치 않았다. 그리고 루터의 편에 서서 루터가 자신의 소견을 제대로 표명하고 공명정대한 판단을 받을 수 있도록 기회를 주어야 한다고 주장했다.

### 루터의 일화

"내일 지구에 종말이 온다 해도 나는 오늘 한 그루의 사과나무를 심겠다." 이 말은 많이 들어본 격언이다. 대다수가 철학자 스피노자가 한 말로 알고 있다. 그러나 사실 루터가 한 말이라는 주장이 속출하고 있다. 근래에 영어권 웹사이트에서는 루터가 한 말로 명시하고 있다. 미국 루터란 교회 홈페이지에서는 루터가 한 말이라고 명시하면서도 일화에 속한다고 밝혔다. 루터가 정말 그 말을 했는지 명확히 증명할 수는 없지만 스피노자가 한 말은 아니라는 것이 정설이다.

# 13 보름스회의, 황제 앞에 선 루터

12월 10일, 레오 10세의 교서에 명시된 60일이 되는 날 비텐베르크 대학에서는 한바탕 소동이 벌어졌다. 멜란히톤은 복음의 진리에 관심이 있는 사람들을 불러 모았다. 루터를 아끼고 지지하는 사람들과 학생들이 모여들었다. 그리고 교회법전과 에크를 포함하여 루터 반대파의 저서를 쌓아놓고 태우기 시작했다. 루터도 그 자리에 나타났는데 한 손에 교황의 교서가 들려있었다. 루터는 그 교서를 활활 타는 불 속에 던져 넣었다.

1521년 1월 3일 루터를 최종적으로 파문하는 또 다른 교서, 〈데케트 로마눔 폰티피쳄(로마 교황은 이렇게 말하노라)〉이 반포되었다. 교서에는 선제후 프리드리히의 이름도 언급되어있었다. 프리드리히는

보름스회의에서의 루터

분주히 뛰며 교서를 되돌려 보냈다. 알레안더는 제국칙령을 공표하여 루터의 주장을 꺾으라고 으름장을 놓았고, 제후들은 카를 5세에게 루터가 발언할 기회조차 주지 않고 유죄판결을 내리면 혁명이 일어날 수도 있다고 경고했다. 결국 카를 5세는 제후들의 말을 따랐다.

같은 해 1월 27일, 카를 5세가 즉위 후 첫 제국의회를 열었다. 그때 카를 5세의 나이는 불과 스물한 살밖에 되지 않았다. 제국회의는 원래 뉘른베르크에서 열릴 예정이었는데 전염병이 창궐하는 바람에 보름스로 옮겼다. 보름스는 오랜 전통을 지닌 라인 강변의 도시이다.

워낙 의안이 많아보니 루터의 문제까지 상정할 상황이 아니었다. 그러나 교황의 파면에도 불구하고 선제후 프리드리히를 선두로 독일의 영주들은 보름스 국회에서 루터가 자신을 위해 변호할 기회를 얻도록 하는 데 성공하였다. 프리드리히는 제국회의보다 앞서 영주들의 모임에서 "독일국민은 어느 누구나 외국인의 재판정에 세우지 않을 것이며, 자국 안에서도 미리 정확하게 조사한 후에 판결을 내린다." 는 말을 상기시키며 카를 5세에게 선거협정을 지키라고 요구했다.



한편 카를 5세의 주된 목적은 의회를 통해 제후들을 통합하는 것이었다. 아울러 당면한 전쟁의 위협을 해결함으로써 황제의 권력을 강화하기 원했다. 따라서 루터의 문제가 더 확산되는 것을 바라지 않았던 카를 5세는 그 루터를 적당히 심문한 후에, 개선의 여지가 보이지 않으면 로마로 넘길 생각을 하였다. 게다가 교황 대사로 의회에 참석한

로마 판테온

보름스 시

알레안더는 반대의사를 표하면서 황제는 루터를 추방하는 것이 마땅하다고 주장했다.

1521년 3월 루터는 카를 5세로부터 출두명령서를 받았다. 그러나 그 출두명령서에는 루터가 심문을 받아야 하고 일체의 토론을 허락하지 않으며 자신의 주장을 철회할 것인지 아닌지만 대답할 수 있다고 했다. 이 모두가 교황청의 압력을 받아 취해진 조처였다. 대신 루터의 신변보호를 책임지겠다고 했다. 그러나 루터의 신변보호 약속은 미덥지 못했다. 이에 대해 선제후들의 모임에서도 의견이 분분했다. 최종 선택권은 루터가 해야 했다.

그해 4월 7일 보름스를 향한 여정 내내 루터를 지지하는 무리들이 인산인해를 이루었다. 루터는 사이사이 머물며 설교를 했다. 에르푸르트교회 설교에서 루터는 "앞으로도 나는 진리를 말하고자 합니다. 또한 내 목이 스무 번 잘리는 한이 있더라도 나는 그렇게 해야만 합니다." 라고 외쳤다.

루터를 염려하는 사람들이 보름스로 가서는 안 된다고 말렸으나 루터는 포기하지 않았다. 루터는 그해 1월 *슈팔라틴에게 보낸 편지에서 이렇게 말했다.

"모든 문들마다 지옥문이며, 폭력의 기운이 감돌더라도 그리스도가 살아 계시기에, 우리는 보름스로 가렵니다."

보름스 시민들도 루터를 환영하였다. 2천명이 넘는 시민들이 루터를 반기며 숙소까지 따라갔다. 게다가 1백 명이 넘는 기사가 그를 호위했다. 4월 17일 루터는 황제와 선제후와 대주교, 제후 등 모두 1백 명이 넘는 사람들 앞에 섰다. 에크는 자료용으로 루터의 책 20여 권을 들고 나와 라틴어와 독일어로 루터에게 질문했다.(그 무렵 에크는 트리어의 대주교가 되어 있었다.) 에크는 그 책들 모두 루터가 쓴 것인지 물었다. 루터가 수긍하자 아직도 책의 내용들이 정당하다고 생각하는지 물었다.

"누구든지 사람 앞에서 나를 부인하면 나도 하늘에 계신 내 아버지 앞에서 그를 부인하리라" 라는 말씀으로 답을 대신하고, 보다 확실한 답변을 준비할 수 있도록 생각할 시간을 더 달라고 부탁했다. 그래서 루터는 다음날 오후 4시까지 생각할 시간을 벌었다. 그러나

---

* 슈팔라틴 선제후 프리드리히의 개인비서이며 궁정수석 사제였다. 루터와 프리드리히 간의 모든 연락을 담당했고 황제선출 후에도 루터의 연락책을 맡았다.

보름스회의 모습



다음 날에도 루터의 생각은 변함이 없었고 "누구라도 성서에 근거하여 오류를 지적하면 그 책들을 모두 불 속에 던져버리겠다." 고 말했다. 루터의 답변에 모두가 입을 다물고 말았다. 이제 루터는 다시금 이단자가 되었다.

이 말은 루터가 했던 말로 알려진 "제가 이곳에 섰습니다. 저는 (진리를 따르는 것 밖에는) 다른 것을 할 수 없습니다. 하나님, 저를 도우소서(Hier stand Luther vor Kaiser und Reich)." 라는 문구로 새겨진 돌판이 보름스성당 바닥에 박혀있다. 그러나 정말 루터가 이 말을 했었는지 증명할 자료는 발견된 적이 없다. 다만 분명한 것은 루터가 목숨을 건 위기상황에서도 온전한 믿음의 길을 선택했다는 것이다.

루터문제를 어떻게 처리할 것인지 5일간 논의가 지속되었다. 결국 알레안더는 루터가 법의 보호를 받을 수 없는 범법자임을 알리는 보름스 칙령을 작성하기 시작했다. 카를 5세도 칙령에 서명했다. 이제 루터는 신성로마제국의 공식적인 추방자가 된 것이다. 칙령에는 다음과 같이 기록되었다. "누구든지 루터를 자기 집이나 정원에 들여서는 안 되고, 먹을 것과 마실 것을 주어서도 안 되며, 숨겨주어도 안되고, 말이나 행동을 통해 공적으로나 사적으로 그를 돕거나 지지하거나 후원해서도 안 된다. 루터를 보면 누구든지 그를 생포하여 결박해서 넘겨야 한다."

그러나 그 당시 국회 상황들이 카를 5세에게 불리하게 돌아갔기 때문에 제후들의 협력과 지지가 절대적으로 필요하였다. 제후 가운데 루터를 지지하는 사람들이 있었기에 칙령을 준수할 것인가 말 것인가는 각 영지의 제후의 자율권에 맡기기로 했다. 다시 말해서 카를 5세도 루터의 개혁운동과 그 제후들의 요구를 부분적으로 수용하지 않을 수 없었다.

카를 5세는 약속했던 대로 루터가 법의 보호를 받으며 보름스를 떠나게 했다. 그 과정에서도 루터는 수도원과 교회는 물론 들에서 설교를 했다. 또한 루터는 자신의 답변과 보름스 청문회의 진행과정을 담은 소책자를 출간했다. 루터가 황제 앞에 서서 심문을 받았다는 것 자체가 예사롭지 않았을 뿐 아니라 목판화를 이용하여 의회의 장면까지 곁들였기에 많은 관심을 끌어 모았다. 이제 종교개혁의 물줄기는 걷잡을 수 없게 되었다.

"독일 전체가 떠들썩하다. 독일인 열 명 가운데 아홉은 루터의 만수무강을 빌고, 한 사람만 '루터를 로마로! 루터에게 죽음을!' 이라고 외친다." 알레안더가 보름스 의회에서 묘사했던 루터의 인기는 갈수록 높아졌다. 그러나 알레안더의 말대로 모두가 루터를 지지하는 것은 아니었다. 소수이긴 해도 루터의 신학사상을 비판하는 무리들도 있었다.

기도는 사단으로 인한 고통을 없애주는 해독제이다. 그리스도인은 쉼 없이 기도해야 한다. 아무리 오래 기도를 하더라도 하나님은 절대 우리 기도를 지겨워 하시지 않는다. 요셉의 경우 종에서 풀려나게 해달라고 13년 동안 하나님께 기도했지만 형편이 나아지기 커녕 더 나빠졌다. 그 이유는 하나님께서 장차 애굽의 총리가 될 요셉을 강하게 훈련시키기 위해서이다.

7장

# 말씀, 하나님의 말씀을 통해서

## - 하나님의 임재를 위한 기도 -

"하나님 아버지,

저의 육체가 연약하여 죄를 쉽게 짓나이다.

세상과 육체와 마귀가 저를 지배하려 하나이다.

주의 이름을 내던지라 말하나이다.

주께 간구하오니

제 안에 오셔서 죄를 몰아내소서

제 안에 오셔서 저를 다스리소서

주 앞에 거룩하게 살게 하소서

주의 나라가 임하게 하소서

오직 주만이 저를 다스리소서

제가 주 앞에 순종하게 하소서. 아멘."

# 14 루터가 사라지다

카를 5세는 약속대로 루터를 안전하게 보내주었지만 조건이 있었다. 루터가 3주 이내로 비텐베르크로 돌아갈 것과 가는 도중에 설교를 할 수 없으며, 일체의 저술활동을 해서는 안 된다는 것이었다.

프리드리히 선제후의 지혜로
루터를 피신시키는 모습

1521년 5월 4일 오후, 루터와 나머지 일행 세 명이 마차를 타고 뫼흐라를 출발했다. 그런데 튀링겐의 숲을 통

성경작업 중인 루터

과할 때 얼굴을 가린 기사 다섯 명이 나타나 누가 루터인지 물었다. 마부가 루터를 가리키자 기사들은 루터에게 다가가 검은 보자기로 눈을 가린 채 끌고 갔다. 자정이 가까운 시간 루터는 프리드리히 소유의 바르트부르크 성으로 이끌려왔다.

루터는 수사복을 벗고 옷을 갈아입었다. 루터의 은둔생활이 시작된 것이다. 루터는 머리카락과 수염을 기르고 조지라는 이름의 기사행세를 했다. 바르트부르크 성에서의 은둔생활은 약 10개월간 계속되었다. 이 모두가 선제후 프리드리히가 루터를 보호하기 위해 꾸민 납치극으로 알려져 있다.

한동안 많은 사람들에게 둘러싸여 정신없이 생활을 하다가 한적한 성에서 문지기와 심부름을 하는 소년 둘과 지내다보니 무료하기 짝이 없었다. 그러나 루터는 자기가 무엇을 해야 할지 곧 깨달았다. 성경해석과 논문을 쓰면서 신약성경을 독일어로 번역하기 시작한 것이다. 당시에는 모든 성경이 라틴어로 되어 있었다. 일반 신도들은 성경을 읽을 수도 없고 소유할 수도 없었다. 루터가 성경을 번역하는 행위는 교회에 대해 반기를 드는 것과 같았다. 그러나 루터는 하루에 1,500단어 이상을 번역하여 11주 만에 성경번역을 끝냈다. 그 성경은 1522년 9월에 출판되었고 〈9월 성경〉으로 불려졌다.

성경을 번역하는 루터

독일어로 번역된 성경은 루터 이전에도 있었다. 그러나 루터가 번역하고 나서야 많은 독일인들의 손에 들려지

바르트부르크에서 번역한 성경

게 되었다. 성경이 출간되자 루터는 사람들에게 자기의 책보다는 성경을 읽으라고 적극 권했다. 1522년 판매에 들어간 신약성서는 처음 두 달 사이에 5,000부가 팔렸고, 그 뒤로 24년 동안 거의 3십 만권이 팔렸다. 직접 성경을 읽을 수 있게 된 사람들은 교회에서 하는 일들이 성경의 내용과 많이 다르다는 것을 알게 되었다. 이러한 세태를 잘 반영하는 그림들이 나돌았다. 그리스도는 제자들의 발을 씻기는 모습과 교황이 발가락에 입맞춤 하는 모습을 대조해서 그린 그림을 한 예로 들 수 있다.



루터의 성경번역을 " '독일의 나이팅게일들이 로마의 방울새들만큼 노래를 아름답게 부를 수 있다' 는 것을 만천하에 보여주고자 했다." 고 흔히 말한다. 루터는 독일인들이 일상생활에서 사용하는 언어로 성경을 번역하려고 무진 애를 썼다. 누구나 쉽게 성경을 읽게 하겠다는 것이 루터의 목표였다.

루터는 귀족들의 언어가 아닌 평민들의 일상 언어 가운데 적절한 단어를 고르기 위해 이따금 슈팔라틴에게 도움을 청하는 편지를 쓰곤 했다. 몇 달이 지나자 루터는 은둔생활이 몸에 배었고 성경번역에서 기쁨을 느꼈다. 어느 정도 마음의 여유가 생기자 루터는 멜란히톤에게 편지를 보냈다. 루터가 살아있다는 소식이 들리자 동료들은 힘을 얻었다.

그 후에도 루터는 번역 작업을 계속 하였고, 신약성경이 출판된지 12년 후 신구약 전체가 완성되었다. 루터는 번역 팀을 구성하여 함께 수정작업을 해나갔다. 이들과 함께 식사를 하면서 진행하였다. 슈팔라틴에게 계시록 21장에 나오는 보석들의 이름과 색상을 가

바르트부르크 성의 오래된 사진

르쳐달라면서 가능하면 보석들을 직접 볼 수 있도록 궁의 보석을 좀 빌려달라고 할 정도였다. 그뿐 아니라 정육점 주인에게 도살한 양의 각 부위를 세밀히 배우기도 했다. 루터는 "나는 모세가 유대인이었는지도 모를 정도로 독일화 시켜서 번역을 했다." 고 말했다.

"어느 누구도 엘리야와 엘리사와 같은 선지자들과, 세례 요한, 그리스도, 사도들과 함께 100년 동안 교회를 통치하기 전까지는 성서를 충분히 이해했다고 믿지 않도록 하라. 이 신성한 책을 더럽히지 말고 그 앞에 머리 숙이며, 그 자취에 경의를 표하라."

루터가 성에 갇히다시피 한 채 성경을 번역하고 있는 동안 독일은 엄청난 변화를 겪고 있었다. 루터가 시작한 변화였다. 루터가 던져놓은 작은 불씨는 큰 불이되어 도처에서 타올랐다. 더구나 루터가 사라지자 별의별 추측이 난무하더니 결국 루터는 살해된 것으로 알려졌다. 루터와는 다른 색을 띠는 급진개혁파들이 일어나면서 폭동이 일어나기 시작했다.



루터가 바르트부르크 성에서 성경번역에 몰두하고 있는 동안 멜란히톤, 칼슈타트 등의 동료들이 수도원과 교회 안팎에서 개혁운동을 추진해 나갔다. 그 결과 평신도들도  성찬식에 참예할 수 있었고, 독일어로 예배를 드리기 시작했다. 순결서약을 했던 신부들이 결혼을 하기도 했다.

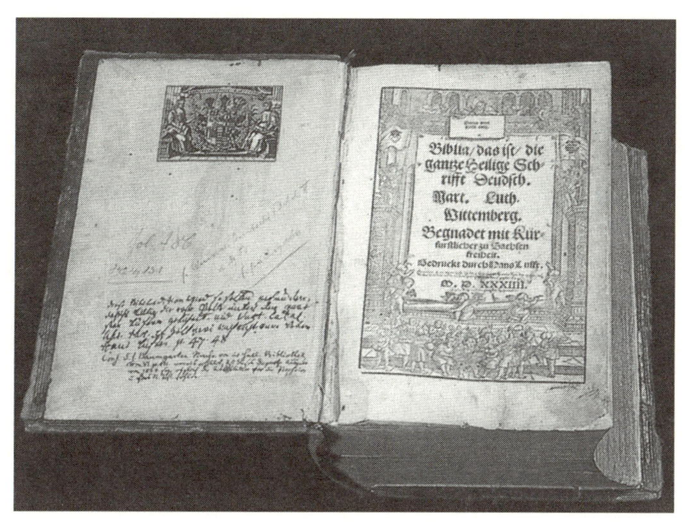


루터가 번역한 성경



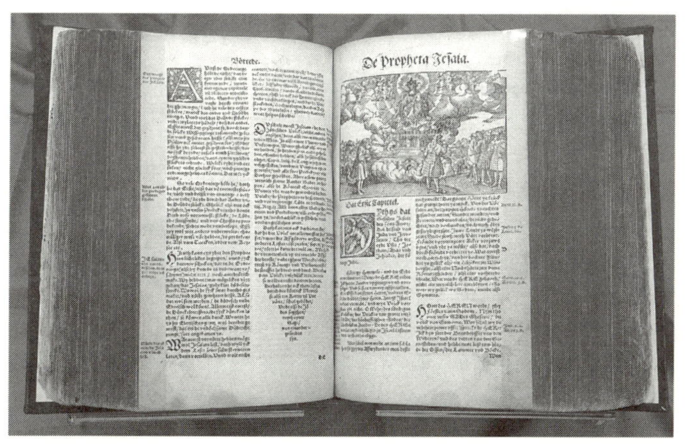


루터가 번역출간한 성경

신부의 결혼에 대한 논쟁이 오고 갔지만 칼슈타트 역시 결혼을 했다. 꼭 수도원이 아니라도 어떤 곳에서도 하나님을 섬길 수 있다는 생각으로 수도원을 떠나는 사람들도 생겨났다. 그러나 개혁의 불길이 사나워지면서 학생들은 폭동을 일으키고 교회를 공격하기 시작했다. 무기를 휘두르기도 하고 수도원에 있는 성상과 제단을 파괴하기도 했다. 거리에서도 폭동이 난무하여 혁명분위기를 연출했다.

그 가운데 농민들도 그동안 억압된 분노를 표출하느라 가장 격렬한 불길을 일으켰다. 미사를 드리는 중에 신부의 멱살을 잡고 끌어내리는가 하면 길을 가던 수사에게 돌을 던지기도 했다. 작센을 통치하는 프리드리히는 이 모든 정황들을 지켜보면서도 속수무책이었다. 더구나 루터의 영향을 가장 많이 받은 비텐베르크의 폭동은 그 한계를 넘어섰다.

은둔시절 조지기사로 행세하고 비텐베르크에 몰래 갔을 때 친구이면서 화가인 루카스도 못알아 보고 조지 기사로서 초상화를 그린 것

무력으로 교회를 개혁하려던 칼슈타트는 교회의 미사 자체를 바꾸려

했고, 이로 인해 보수진영과 충돌이 불가피했다. 그는 토론을 통해 합일점을 찾을 때까지 유보하라는 프리드리히의 권고에 전혀 귀 기울이지 않았다. 사태가 악화되자 당분간 설교는 자제해달라는 요청만 받아들였을 뿐이다. 칼슈타트가 잠시 뒷전으로 물러서자 농민들의 불만이 거세졌다.

바르트부르크의 성경번역하던 방

이 모든 사태가 자신에게서 시작되었다고 생각한 루터는 책임감을 느끼고 12월 기사로 변장을 하고 비텐베르크로 가서 닷새를 머물다 성으로 돌아갔다. 변장한 루터를 알아보는 사람은 아무도 없었다. 심지어 루터와 절친했던 *루카스 크라나흐조차 루터를 알아보지 못한 채 조지 기사로만 알고 초상화를 그렸다는 일화가 있

* 루카스 크라나흐 종교화를 주로 그린 독일의 화가로 루터의 친구이었으며, 종교개혁운동의 지지자였다. 프리드리히의 궁정화가로 있다가 1505년부터 비텐베르크로 옮겼다. 비텐베르크의 시장을 겸하면서 그림을 그렸다.

다.

루터는 슈팔라틴에게 보내는 편지에서 그 당시 심경을 다음과 같이 토로했다.

"그 누구도 복음을 빙자하여 폭력과 살상을 해서는 안 됩니다. 오직 하나님의 말씀을 통해 세상을 이겨야하며, 오직 말씀을 통해 교회가 구원을 받을 수 있으며, 오직 말씀을 통해 교회가 부흥할 수 있습니다."

1521년 성탄절은 비텐베르크의 시민들에겐 각별한 의미가 있었다. 2천명이 넘는 사람이 성(城)교회에 모였다. 칼슈타트가 미사를 거행했다. 사제복을 아예 벗은 칼슈타는 라틴어로 시작했다가 독일

바르트부르크 성의 스케치

바르트부르크 성

루터가 은신했었던 바르트부르크 성의 전경

어로 바꾸었다. 자기 나라 말로 설교를 듣고, 포도주와 영성체까지 받게 된 신도들은 감격에서 헤어나지 못했다.

카를슈타트는 비텐베르크 시의회에 교회 개혁과 관련한 도시법 공포와 시행을 요청했다. 그로인해 각 교회는 성상을 치워야했다. 그러자 의회는 루터가 돌아와 사태를 진정시키기를 원했다. 그러나 루터는 보름스 칙령에 묶여 있었다. 하지만 만일 루터를 체포했다가는 소요가 더 심해질 것을 예견하고 의회는 루터의 귀환을 묵과하기로 했다. 1522년 3월 6일 루터는 성에서 떠나 비텐베르크로 돌아와 교회에서 8일간 계속 설교하였다. 루터의 설교는 효력을 발휘했고, 소요가 어느 정도 진정국면으로 들어섰다.

개혁의 불길은 유럽 전체로 번져 나갔다. 그러한 과정에 이단들도 생겨났다. 루터의 추종자들은 신교도나 루터교도 또는 개신교도로 불리었다. 루터와 의견을 달리하는 사람들은 루터와 갈라섰다.

루터의 사상은 교회 밖으로까지 퍼졌다. 그 무렵 독일 경제는 농민들에게 의존하고 있었다. 1524년 종교개혁과 맞물린 농민운동이 일어났다. 루터의 〈그리스도인의 자유〉를 신분의 자유로 해석한 농민들은 인간이 모두 평등하다고 믿었다. 1525년 루터의 나이 41세가 되는 해 농민전쟁이 일어났다. 3십만 명의 농민이 농작물을 훼파하고, 여러 교회, 수도원, 성을 파괴했다. 그러자 루터는 여러 마을을 다니며 농민들에게 평화롭게 행동할 것을 촉구했다. 그러나 폭력시

루터가 은신했었던 곳
(성경번역한 곳이기도하다)

독일어로 성경번역하는 루터

위를 그치지 않던 농민들은 루터를 비난했다. 루터가 외치는 평화의 메시지에서 오히려 배반감을 느꼈던 것이다. 농민전쟁을 주도한 뮌처는 루터를 '비텐베르크의 새 교황' 으로 칭하면서 반감을 드러냈다.

바르트부르크에서 루터가 머물렀던 곳

농민전쟁 기간 동안 수천 명의 농민이 학살당했다. 넉 달이 채 못 되어 농민전쟁은 진압되었다. 농민전쟁을 계기로 루터는 개혁의 후방으로 물러나 자신의 삶으로 눈을 돌렸다.

# 찬양으로 기도하는 루터

찬양하는 루터

루터는 음악적 재능이 뛰어났다. 플루트와 류트를 연주솜씨도 탁월했다. 훗날 루터는 음악이 신학 다음으로 하나님의 가장 큰 선물이라고 말하였다. 음악과 신학은 영혼을 치유하고 소성케 하는 공통점이 있다고 했다. 루터 자신이 음악을 통해 영적 두려움과 고통을 이겨낼 수 있었다. 루터는 말하기를 "음악은 나를 자주 소생시켜 주고 무거운 짐으로부터 해방시켜 준다."

그러나 루터와는 반대 입장을 취하는 무리들이 있었다. 이들은 음악을 무시했고, 심지어 오르간을 마귀의 유산으로 여겼다. 그러나 "음악은 하나님의 선물이요 축복이다. 음악은 또한 마귀를 몰아내주고 사람들을 행복하게 만든다. 음악은 사람의 모든 분노, 음란, 교만, 그리고 모든 악을 잊게 해준다. 나는 음악을 신학 다음으로 중요하게 보며 무한히 아낀다." 는 루터의 주장은 흔들리지 않았다.

그 당시 일반 회중은 찬송을 부를 수 없었다. 예배 시간에 회중은 잠잠히 있고 성가대만 송영을 불렀다. 그러나 루터는 일반 회중도 찬송을 부를 수 있도록 예배 의식을 바꾸었다. 그는 '내 주는 강한 성이요' 를 비롯하여 많은 찬송을 작사, 작곡하였다. 1524년 드디어 최초의 찬송집이 탄생한다. 루터에게 있어서 찬양은 기도였다. 찬양을 통해 역사하시는 하나님의 능력을 믿었다. 그리고 각 가정에서도 믿음의 가장은 다른 가족들에게 찬양을 열심히 가르쳐야 한다고 주장했다. 더 많은 사람들이 찬양을 통해 하나님께 기도하고, 그 이름을 높이기를 원했기 때문이다.

# 15 루터의 마지막 싸움



1529년, 마흔여덟 살이 된 루터는 건강이 좋지 않았지만 설교와 강의에 대한 열정은 식지 않았다. 나머지 시간은 사람들과 모여 앉아 토론을 하면서 자신의 신앙관을 나누었다. 루터는 여전히 개혁의 심장이자 중심이었다.

그런데 루터에게 한 싸움이 남아 있었다. 그것은 카를 5세와의 싸움이었다. 보름스 의회 때만 해도 불안하고 미약했던 카를 5세의 황제권이 제법 강력해졌다. 카를 5세는 보름스 칙령을 부활시키고, 친 가톨릭교회 정책으로 방향을 바꾸었다.

이에 루터 지지파 제후들은 일치단결하여 황제에게 거세게 항의했다. 이듬해 1530년, 카를 5세는 아우구스부르크로 루터와 제후들을 소환했다. 의회는 6월에서 11월까지 계속되었다. 루터는 보름스칙령의 부활로 인해 추방자가 되었기 때문에 의회에 참석할 수 없었다. 그래서 작센 영지 최남단에 위치한 코부르크 성에 머물면서 모든 진행과정을 편지로 보고 받았다. 멜란히톤의 역할이 중요한 시점이었기에 격려를 아끼지 않았다.

황제 찰스5세(1500–1558)

'아우그스부르크 신앙고백서' 는 멜란히톤이 작성하였다. 6월 25일 낭독된 고백서는 복음주의 교회 교리의 주요 항목들을 21개 조항으로 요약하였고, 다음으로 고쳐져야 할 가톨릭의 오용과 악습들을 열거하였다. 멜란히톤은 루터에게 보낸 편지에서 고백서 작성을 할 때 "우리는 지금까지 당신의 권위를 따랐습니다." 고 분명히 밝혔다.

기도는 최소한 하루 여덟 번은 해야 한다. 아침에 일어날 때, 잠자기 전, 세 끼 식사 전과 식사 후이다.

8장

# 가족은 나의 힘

## - 가정을 위한 기도 -

"오, 하나님

저희 가족 모두가 부지런하게 하소서

서로에게 자비를 베풀게 하소서

서로에게 신실하게 하소서

저희의 수고가 풍성한 열매를 거두게 하소서

제 집과 재산과 아내와 아이들을 모두 주께 맡기나이다.

가족들 모두가 주를 믿게 하시고

주를 배우게 하시고

주의 다스림을 받게 하소서.

모든 악과 훼방으로부터 저희를 지키소서.

아멘."

# 16 루터의 아내, 카타리나

농민전쟁이 한창이던 1525년 6월 13일 루터는 비텐베르크 시민들의 축하를 받으며 수녀였던 카타리나 폰 보라와 결혼을 하였다. 그때 루터의 나이 42세였고, 카타리나는 루터보다 열여섯 살 어렸다. 2주후 결혼 축하잔치가 열렸다. 루터의 부모님을 비롯하여 많은 사람들이 참석하였다. 그러나 루터의 동료들 가운데 상당수가 루터의 결혼을 반대했었다. 종교개혁 운동에 방해가 된다는 것과, 수사이던 루터가 수녀였던 카타리나와 결혼하는 것이 그리 자연스

루터의 결혼식

루터의 아내 카타리나

럽지 않았기 때문이다. 그 가운데 멜란히톤은 드러 내놓고 불만을 표했다. 멜란히톤은 축하연에도 참석하지 않았다.

사실 시대적 상황으로 미루어 보아 루터의 결혼은 불안해 보였다. 그러나 루터 개인적으로는 행운이었다. 루터는 수사나 수녀의 결혼이 허용되어야 한다고 주장해왔다. 이제 루터 자신이 뒤늦게나마 그 말을 몸소 실천하는 셈이다.



카타리나는 몰락한 귀족 가문에 태어났다. 10살 때 아버지가 재혼을 하게 되자 수녀원에 맡겨졌다. 수녀들은 자신들의 종교서약을 무효로 하고 수녀원을 나오게 해 달라고 요청했지만 가톨릭교회는 이를 받아들이지 않았다. 1523년 부활절, 카타리나는 다른 수녀 8명과 함께 시토회의 수녀원에서 나왔다. 젊은 수녀 가운데 일부는 가족의 품으로 돌아갔고 일부는 비텐베르크에 머물렀다. 그 무렵 루터는 수도원에서 나온 수녀들의 남편감을 찾아 주는 일을 했다. 열두 명 가운데 세 명은 집으로 돌아갔고 나머지 아홉 명의 수녀가 루터가 머무는 수도원으로 들어왔다. 모두가 제 짝을 찾아 새로운 삶을 시작했다. 그러나 유독 카타리나만 매번 거절했다. 루터가 그 이유를 묻자 카타리나는 루터가 아니면 결혼하지 않겠다고 말했다. 카타리나가 루터를 정말 사랑해서 그런 말을 했다고도 하고, 아니면 소개받은 남자들이 한결같이 루터만 못해서 그렇다는 말도 있다. 어쨌든 카타리나는 루터와 결혼하였다.

훗날 루터는 자신의 결혼에 관해 "내가 다른 일에 몰두하고 있을 때, 주님은 갑자기 나를 결혼으로 몰아넣으셨다." 고 기록했다. 또 루터는 글을 쓸 때 카타리나를 '내 아내' 로 칭했는데 시간이 흐름에 따라 '내 주인' 으로 바뀐다. 그 이유는 결혼생활을 하면서 주도권이 남편으로부터 아내에게 옮겨가기 때문이라고 해석하는 사람들이 있다. 그러나 루터는 "만일 내가 아내를 잃는다면, 비록 여왕이 청혼하더라도 절대 다시 결혼하지 않을 것이다." 라고 말함으로써 아내에 대한 사랑을 드러냈다.

다음 해 첫아들이 태어났다. 루터 아버지의 이름을 따서 한스라고 이름 지었다. 이어 8년에 걸쳐 모두 3남 3녀를 두게 되었다. 그 가운데 첫째 딸을 난 지 8개월 만에, 둘째 딸을 13세에 잃었다. 루터는 자녀들에 대해 "지난 1천년 동안 어느 수사에게도 허락지 않으셨던 큰 축복을 내게 주셨다. 하나님께서 내게 주신 자녀들은 독일 보헤미아 전체를 합친 것보다도 값지고 귀하다." 고 말했다. 루터는 첫째 아들은 군인으로, 둘째는 학자를, 셋째는 농부로 만들려고 했다. 그러나 그의 생각과는 모두 다르게 되었다. 첫째는 법률가가 되어 나중에 바이마르 궁정의 고문으로 일했고, 둘째는 신학을 공부하였으나 목사가 되지 않았으며, 셋째는 유명한 의사가 되었다.

가족과 함께 찬양하는 루터의 모습으로 아이슬레벤에 있는 루터의 무덤기념비에 새겨진 것



가정살림은 카타리나 혼자 거의 꾸려나갔다. 그러니 경제적으로도 늘 쪼들릴 수밖에 없었다. 게다가 부양할 식구가 많았다. 자기 식구 외에도 조카들, 그리고 죽은 친구들의 아이까지 함께 돌봐야했으니 말이다. 루터의 이름은 모르는 사람이 없을 정도였으나 실상 루터의 수입은 그리 많지 않았다. 루터를 찾아오는 식객도 한 둘이 아니었다. 이들은 한번 오면 몇 날 며칠을 눌러 앉아 있곤 했다. 경제적으로 쪼들리는 것은 당연하고, 그 많은 사람들의 빨래며, 이부자리까지 챙겨

야 하는 카타리나는 강철여인인 셈이다. 카타리나는 가축을 기르고 하숙을 치면서 모자란 살림 비를 충당했다. 또 손님들이 병이 나면 치료를 해주어야 했기에 약초도 재배했다.

루터와 카타리나는 한 때 수도원이었던 곳에 새살림을 차렸다. 그곳은 작센의 선제후 프리드리히의 동생 존 프리드리히가 준 결혼 선물이었다. 루터의 오랜 수호자였던 프리드리히는 루터가 결혼하기 한 달 전에 세상을 떠났고 이제 프리드리히의 동생 존이 루터를 후원했다.

루터는 결혼 생활에서 기쁨을 누렸다. 루터의 고백에 따르면 "결혼한 지 1년이 지났지만 아직도 낯선 것이 있다. 그것은 아침에 눈을 떴을 때 배게 위에 길게 늘어뜨린 두 갈래 머리카락이다. 전에는 없었던 것인데……." 루터는 결혼에 대한 긍정적인 생각을 이렇게 표현했다. "행복한 결혼 생활로 인한 굴레보다 더 달콤한 굴레도 없다."

카타리나에 대한 루터의 사랑은 보통 이상이었다는 것을 그의 말을 통해 알 수 있다. "나는 캐티를 프랑스와 베네치아와도 바꾸지 않겠다. 왜냐하면 첫째, 하나님이 그녀를 내게, 나를 그녀에게 주셨기 때문이며, 둘째 캐티는 다른 여자들보다 좋은 점이 많다. 물론 캐티에게도 단점은 있으나 다른 장점들이 그 단점을 가려준다. 셋째, 아내로서의 신실함과 믿음을 간직하기 때문이다."

# 루터의 기도는 실천을 향한 비상구

루터는 회심의 진정한 의미에 대한 질문에 이렇게 답했다.

"그것은 머리의 회심과 가슴의 회심이며 돈지갑의 회심입니다."

루터의 신앙 전반이 실천으로 귀결된다. 기도 역시 마찬가지이다. 입술로만 읊조리는 것이 아니라 삶의 현장으로 이어져야 한다고 강조했다. 루터의 신앙은 역동적이고 실제적이었다는 것이다. 그리고 무엇보다 기도에 대한 통찰력이 뛰어났다. 그가 목숨을 잃을 각오를 하고 자신의 주장을 철회하지 않을 수 있었던 것은 오랜 기도의 저력과 믿음 때문이었다. 종교개혁이라는 하나님의 거대한 역사극에 캐스팅 된 이유 가운데 하나는 그가 기도로 무장했기 때문이 아닐까? 성경에 나타난 믿음의 주인공들은 한결같이 기도를 통해 하나님으로부터 힘을 얻었다. 또한 루터에게 있어서 기도는 영과 육을 위한 호흡이었다. 그래서 루터는 "기도 없이 기독교인이 되려는 것은 호흡 없이 살아가려는 것과 같다" 고 자신 있게 말할 수 있었던 것이다.

# 17 탁상담화

루터의 식탁은 언제나 붐볐다. 손님이 없는 날이 없었다. 저녁식사는 주로 5시경부터 시작되었다. 비텐베르크 동료들을 포함하여 전직 수사. 수녀, 외국인, 정치인들 구성원이 다양했다. 식탁에서는 늘 활기찬 토론과 대화가 오갔다. 그것들을 기록한 것이 바로 그 유명한 루터의 '식탁대화(탁상담화)' 이다. 기록에 의하면 카타리나는 단순히 식사시중만 드는 주부가 아니었다. 그는 신학적인 대화에도 적극 참여하였다. 성경을 많이 읽어서 루터로부터 칭찬을 듣곤 했다. "로마교황청의 누구도 당신만큼 성경을 많이 알지는 않을 것이오."

탁상 담화는 제자들이 루터가 하는 말을 수첩에 일일이 기록했던

1883년 독일 성경에 실린 루터의 초상

것을 모은 것으로 책으로 내겠다는 계획은 전혀 없었던 사적인 기록들의 모음이다. 따라서 기록자 각자의 관심거리를 적었고, 각 사람의 관점의 차이는 있지만 루터가 실제 한 말을 정리했다는 점에서 16세기의 역사를 이해하고 루터의 생과 업적을 살펴볼 수 있는 귀한 문서자료이다.

탁상 담화에서 루터는 수많은 논제들에 대해 이야기했다. 루터는 일상 속의 사소한 주제들 가운데 심오한 진리를 발견할 줄 아는 통찰력을 지니고 있었다. 게다가 루터 특유의 필력이 읽는 이들의 마음을 사로잡는다. 무엇을 먹을지 염려하지 말라는 말씀을 토대로 루터는 작은 새들을 통해 확인하게 된 성경말씀의 진리를 이렇게 묘사했다.

"이 작은 새들과 아무런 쓸모도 없어 보이는 작은 미물들을 모두 하나님께서 먹이신다. 그것을 돈으로 환산하면 얼마나 되겠는가? 추측컨대 다른 새들은 제쳐놓고 참새들만 따지더라도 그 비용은 프랑스 왕의 연봉보다 더 많을 것이다. 하늘에 계신 너희 아버지께서 새들을 먹이신다. 너희는 새보다 훨씬 더 귀하지 않느냐? 왜 먹을 것과 입을 것을 걱정하느냐?"

기도는 믿음의 척도이다. 우리가 기도를 안 한다고 구원이 취소되는 것은 아니다. 그러나 그리스도인의 삶 가운데 기도가 없으면 하나님의 은혜에서 멀어진다.

9장

# 하늘이 보낸 사람, 루터

## - 원수를 위한 기도 -

"주께서 저를 용서하신 것과 같이

제게 해를 끼치고 악을 행한 자를 용서해주소서

주의 노여움을 일으켜

저들이 화를 자초하나

저들의 망함이 저들의 도움이 아니오니

저희도 저와 함께 구원받기 원합니다.

아멘"

# 18 내 주는 강한 성이요

루터가 이단으로 공포되었음에도 불구하고 화형에 처하지 않은 이유는 그의 가르침에 동조하고 따르는 무리들이 헤아릴 수 없을 정도로 많아 섣불리 건드릴 수가 없었기 때문이다. 루터를 따르는 교회세력이 교황을 따르는 가톨릭보다 컸다. 심지어 면죄부 판매 당사자인 마인츠 대주교 알프레드까지도 루터와의 관계개선을 원했다. 이를테면 루터의 결혼식 선물을 보낸다든가 문제가 있을 때 조언을 구하면서 호의를 표했다. 루터의 개혁이 어느 정도 자리를 잡자 독일 전역을 지배하던 미신적 신앙이 점차 사라졌다. 아울러 성물숭배 사상도 빛을 잃어갔다

루터는 성경을 가르치며 새로운 예배의 틀을 짜는 데 전념했다.

"Ein' feste Burg."

〈내주는 강한 성이요〉 악보 원본

루터의 건강은 그리 좋지 않았다. 특히 심장과 위장병으로 고생을 많이 했다. 그가 살아온 삶 자체가 영적으로나 육체적으로 순탄하지는 않았고, 게다가 오랜 수도원 생활과 과도한 정신노동이 큰 요인으로 작용했던 것 같다.

루터는 찬양의 힘을 강조했는데 찬양이야말로 사단을 물리치는 강력한 무기라고 말했다. 찬양을 통한 기도에 대해 이야기하면서 사울 앞에서 수금을 켜던 다윗을 예로 들었다. 루터는 영적으로 침체되었을 때마다 찬송을 불렀다. 타고난 음악적 재능을 활용하여 직접 찬송가를 만들기도 했다. 루터의 찬송가는 새로운 예배에 있어 꽃과 같은 역할을 했다. 그가 지은 찬송가는 모두 39편에 이르며, 그 가운데 〈내 주는 강한 성이요〉는 오늘날까지 많은 그리스도인들에게 힘을 불어넣고 있다.

이제 루터는 종교개혁의 일선에서 물러났다. 대신 루터의 동료들과 제자들이 새로운 교회질서 확립에 힘썼다. 그동안 루터는 성경을 가르치고 번역하고 책을 쓰는 일에 몰두했다.

1527년 심장과 위장 외에도 잡다한 만성 질환에 시달리던 루터는 건강이 극도로 악화되자 설교를 중단하지 않을 수 없었다. 같은 해 8월 전염병이 비텐베르크를 휩쓸었다. 루터는 전염병을 피해 타 지역에 가 있는 멜란히톤에게 보낸 편지에서 자신의 심경을 잘 드러내고 있다.

"한 주 이상을 누워 이승과 저승 사이를 오락가락 하고 있다네. 지금도 온 몸이 아프고 떨린다네. 내 영혼도 약해질 대로 약해져서

루터의 〈내주는 강한 성이요〉 악보

하나님이 두렵기까지 하네."

혹독한 영적, 육체적 고통을 당하면서도 하나님을 향한 루터의 믿음은 흔들리지 않았다. "내 주는 강한 성이요" 찬송은 바로 이 무렵에 지어졌다.(*보름스에 가는 도중 지었다는 설도 있다.) 루터의 담대함과 믿음이 그대로 드러나는 찬송으로 루터의 신앙을 대변한다.

1534년, 루터의 나이 쉰 살이 되던 해 드디어 독일어로 된 신구약 성경이 모두 나왔다. 이 성경은 루터가 하나님 나라로 가기 직전까지 12년 동안 계속해서 수정 보완되었다.



## 루터의 일화

어느 날 루터는 집 밖에서 들려오는 통곡소리를 들었다. 무슨 일인가 나가보았더니 아내 카타리나가 상복을 입고 울고 있는 것이었다. 도대체 누가 죽었느냐고 묻자 하나님이 죽었다고 말하는 것이었다. 루터가 기가 막혀 하나님이 왜 죽느냐고 반문하자 아내는 "하나님이 죽지 않았는데 당신은 왜 그렇게 낙심하고 있나요?" 그 말을 들은 루터는 정신이 버쩍 들어 다시금 용기를 얻었다고 한다.

# 19 하나님의 품으로

1545년 루터는 만스펠트의 백작들 사이의 상속권 다툼을 중재하기 위해 고향 아이슬레벤을 몇 차례 방문해야했다. 이듬해 1546년 2월 루터는 마지막으로 아이슬레벤을 방문했다. 그날 저녁 식사 때 분쟁이 잘 해결되었다. 그러나 마무리할 것들이 남아 있었기에 루터는 그곳에 잠시 머물렀다. 그곳 성 안드레 교회에서 설교를 하게 된 루터는 설교 도중 언어 장애 증상이 왔다. 루터는 즉시 숙소로 옮겨졌다.

오랜 친구인 유스투스 요나스가 루터의 침상을 끝까지 지켰다. 1546년 2월 18일 새벽 세 시, 예수 그리스도를 믿으며 죽을 준비가 되었냐고 묻는 요나스의 질문에 루터는 분명한 목소리로 "예" 라고 답한 뒤 숨을 거두었다. 루터는 세상을 떠나기 이틀 전 자신의 죽음

루터의 죽음



을 감지하고 있었던 양 농담 섞인 말로 이렇게 말했다.

"내가 비텐베르크 집으로 돌아가면 이 육중한 몸을 구더기들의 먹이로 내어주겠지."

루터의 유해는 요나스가 시무하던 아이슬레벤의 성 안드레 교회로 옮겨졌다. 2월 20일 입관식이 끝나자 기마병 65명과 기사 둘이 비텐베르크까지 루터의 관을 호송했다. 루터의 죽음을 애도하는 많은 사람들이 비텐베르크 길가에 늘어섰다. 장례행렬이 지나갈 때 도시 곳곳에서 종을 울렸다.

루터의 유해는 관습에 따라 성(城)교회 설교대 앞의 바닥 밑에 묻

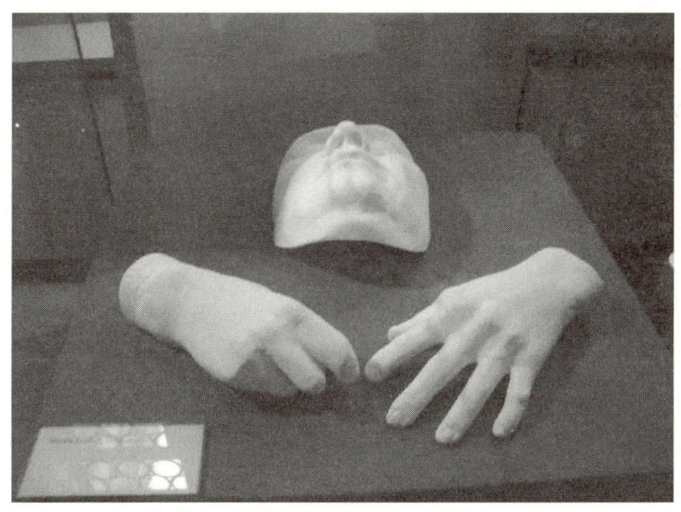

루터의 데드마스크와 손



혔다. 루터의 장례식 설교는 요하네스 부겐하겐이 맡았다. 부겐하겐은 설교에서 이렇게 말했다.

"하나님께서는 위대한 스승이자 예언자이며 하늘이 보낸 교회개혁가를 데려가셨습니다. 어찌 우리가 애도의 눈물을 흘리지 않을 수 있겠습니까?"

루터는 마지막 침상에서 이렇게 기도했다.

"오 나의 하늘 아버지시며, 내 주 예수 그리스도이시고, 모든 위로의 하나님이시여. 내게 당신의 사랑하는 아들 예수 그리스도를 보여주셔서 감사합니다. 교황과 모든 악한 자들은 그분을 욕하고 핍박하고 모독하였으나 나는 그분을 믿고, 선포하고, 고백하고, 사랑하고 찬양하였습니다. 내 주 그리스도시여, 내 가난한 영혼을 당신께 의탁하나이다. 오, 하늘 아버지여, 비록 내 영혼은 이 육신을 떠나나 아버지 곁에 영원히 거할 것입니다. 그 무엇도 아버지의 손에서 나를 빼앗지 못한다는 것을 제가 확실히 아나이다."

하나님께서 화가 나서 기도응답을 거절하신다는 생각은 인간의 관점일 뿐이다. 이런 생각은 곧 우리의 지혜가 하나님보다 낫다고 생각하는 것으로 곧 불신이다. 하나님의 지혜는 죄인인 인간의 지혜를 초월한다. 하나님께서는 인간이 상상할 수 없을 정도로 효율적인 방법으로 기도에 응답하신다.

# – 설교를 위한 기도 –

### 〈 설교 전에 〉

영원하신 하나님
우리 주 예수 그리스도시여
설교를 통해 주의 말씀을 우리 맘에 새기소서
주의 영을 부어 주소서
말씀을 듣고 믿게 하시고
말씀을 기뻐하게 하시며
말씀으로 인해 평안을 얻게 하소서
저희 안에서 주의 말씀이 영화롭게 하소서
주의 영이 저희의 생각을 인도하시고
주의 권세가 말씀을 이루게 하소서 아멘

### 〈 설교 후에 〉

주 예수 그리스도시여
주의 진리로 저희의 마음을 인도하셨나이다
주의 영광을 위해
주의 뜻을 위해
무엇이든 행할 수 있도록
주의 영과 권세를 주옵소서. 아멘

# 〈닫는 말〉



루터시대로부터 500년이 지난 지금 우리는 루터처럼 수도원에서 기도할 수는 없다. 그러나 영성이 수도원에서만 형성되는가? 그렇지 않다. 예수님께서 말씀하신 '골방' 을 삶속에서 마련할 수 있고, 수도원의 정해진 기도 못지않게 우리 역시 일상 속에서 특정시간을 기도시간을 정해놓고 하나님을 만날 수 있다. 기도를 통해 무감각해진 영을 깨우고 이 시대를 깨우는 하나님의 "소리" 를 전할 수 있다.

그리스도인의 삶 속에서 종교개혁은 계속되어야 한다. 교회의 세속화와 탐욕, 또 소위 하나님을 믿는다는 사람들의 삶 가운데서 풍겨 나오는 악취로 따지자면 그 시대나 지금이나 다를 바 없다. 오히려 이 시대가 더 심할 것이다. 아마 이 시대에 면죄부를 팔면 온오프라인을 통해 더 많이 팔릴 것이 분명하다.

하나님께서는 각 시대마다 등대역할을 할 사람을 남겨 두었듯이 이 시대에도 하나님 말씀에 비추어 아닌 것은 "아니요" 라고 말할 사람들이 있으리라고 믿는다. 바로 여러분이 그 대열에 합세하기를 바라며 어설픈 글의 문을 닫는다.

사단이 또 못견뎌하는 것은 우리가 하나님의 말씀을 읽는 것이다. 우리가 그 말씀을 이해하지 못할 때에도 말씀은 우리 영혼에 영향을 미친다. 하나님의 말씀이 사단을 물리치는 날카로운 무기라면 찬양 역시 그에 버금가는 무기이다.